AF402368

LETTRES

SUR LA CHINE.

LETTRES

SUR

LA CHINE.

TOME PREMIER.

PARIS

IMPRIMERIE DE J.-B. GROS,

Rue du Foin-Saint-Jacques, 18.

1845

AVANT PROPOS.

De tous les auteurs qui ont écrit sur la Chine, ce sont les Missionnaires, surtout ceux de la compagnie de Jésus, qui nous ont donné les notions les plus détaillées, les plus exactes et les plus intéressantes de ces peuples qui, par leur éloignement, nous avaient été si longtemps inconnus.

Ce n'est même que par les travaux et les recherches de ces zélés et savants religieux, qui ont pris la peine de traduire les *Annales de l'Empire chinois* et nous ont envoyé les livres de ses principaux philosophes, que nous avons acquis toutes les connaissances que nous possédons sur leur religion et sur leurs usages ; grâces à leurs infatigables recherches, la Chine n'a plus aujourd'hui de secrets qui ne nous aient été révélés.

C'est du recueil des lettres qu'ont écrites sur cette matière ces hommes apostoliques depuis la fin du xvie siècle jusqu'à nos jours que nous avons extrait les morceaux qui composent ce volume.

Nous n'y avons puisé que ce qui nous a paru le plus propre à édifier et intéresser la jeunesse, soit sous le rapport du christianisme, soit sous celui des mœurs et des coutumes de ce vaste empire, en un mot, nous n'avons rien négligé pour que notre travail fût utile à la classe de lecteurs à laquelle nous l'avons destiné; puissions-nous avoir atteint ce but!

LETTRES

SUR

LA CHINE.

ANTIQUITÉ DU PEUPLE CHINOIS.

Population.

De tous les peuples de la terre, le peuple chinois est bien celui qui a le plus conservé sa figure primitive : relégué pour ainsi dire à l'extrémité du monde, séparé de toutes les autres nations, il a toujours gardé, malgré ses révolutions intérieures, ses coutumes et ses usages ; les dynasties ont changé, le génie national est resté le même. Aujourd'hui que ce grand empire est gouverné par des princes d'origine tartare, le mode de gouvernement n'a pas éprouvé de notable altération ; les Chinois n'ont subi d'autre loi que celle qui les a obligés à prendre le costume de leurs vainqueurs et à se raser la tête.

L'empire de la Chine est un des plus anciens que nous connaissions ; son origine remonte aux siècles les plus reculés. Foû-Hy, que les Chinois regardent en général comme leur premier roi et leur pére commun, paraît avoir existé peu après le déluge (1).

(1) D'après les annales chinoises elles-mêmes, en admettant le règne de Foû-Hy entre l'an 2812 et 2834 avant J. C., et les règnes de ses successeurs jusqu'à Yao qui, suivant ces mêmes annales, régna l'an 2357 avant notre ère, ces époques seraient encore bien postérieures au déluge : mais on est loin de pouvoir établir quelque chose de certain; car si les annales dont nous venons de parler supposent l'existence de Foû-Hy et de ses cinq premiers successeurs, l'introduction de ces annales, dont le titre est Tòng-Kièn-Kâng-Moû-Tièn-Pièn, la révoque en doute. Les livres de Confucius (les plus anciens que possèdent les Chinois) expriment la même incertitude. Ce philosophe, qui a vécu seulement 550 ans avant J. C., n'a pu remonter plus haut qu'à 200 ans avant lui, par des dates un peu certaines.

Il s'en faut donc bien que l'empire chinois ait les quelques milliers d'années de durée dont l'ont gratifié certains de nos philosophes du dernier siècle, en haine de nos Livres saints (quoique quelques autres de meilleure foi, comme Fréret, aient convenu franchement qu'au delà d'un très-petit nombre de siècles avant notre ère, il n'y avait qu'incertitude et variation dans la chronologie chinoise). Toutefois nous ne prétendons nullement détruire la haute antiquité de ce peuple; et le concours d'un assez grand nombre de circonstances et de

Depuis Foû-Hy, la Chine a toujours été soumise a des princes chinois, si l'on excepte le temps où les Tartares Mongouts s'en emparèrent et établirent la dynastie Uyen, qui ne dura que quatre-vingts ans. Ce temps écoulé, les Chinois secouèrent le joug des Mongouts, et furent de nouveau gouvernés par des rois de leur nation, jusqu'au moment où Choûen-Tchê, père de Kâng-Hy, les subjugua et établit la dynastie actuelle qui est sortie de la Tartarie orientale.

La population de ce vaste empire n'a point de terme de comparaison chez les autres peuples connus· Sans parler de la Tartarie et de plusieurs autres royaumes, dont les rois se regardent comme ses vassaux, en comptant vingt millions d'habitants par province, elle s'élèverait à trois cent quarante millions (1). Ces provinces sont au nombre de dix-

rapprochements très-curieux donne même une grande vraisemblance à l'opinion que Foû-Hy ne fut autre que Noé lui-même. (Voy. la Bible vengée, etc., éd. de 1834, p. 107 et suiv.)

(1) Il s'est souvent élevé des doutes sur le chiffre attribué à la population chinoise : cependant les relations multipliées qui ont paru à diverses époques, toutes d'accord sur ce point, quelquefois même appuyées des états officiels de recensements dressés par ordre des empereurs chinois, ne permettent guère de douter de ce fait. Il paraîtra moins invraisemblable, si l'on réfléchit sur les causes principales qui, entre autres motifs, doivent tendre à augmenter sans cesse la population de ces vastes contrées : 1° la piété filiale et les grandes prérogatives de la paternité ; 2° la décence des mœurs

sept (1). Si certaines d'entre elles ne contiennent pas ce nombre d'habitants, comme le Koùi-Tcheou, le Kouâng et le Tché-Kiâng, la plupart des autres en renferment jusqu'à trente millions et même plus ; la seule province du Su-Tchuen, qui n'est pas une des plus grandes, dépasse certainement ce chiffre.

On ne trouve pas en Chine les distinctions des castes qu'on rencontre dans l'Inde : point de nobles et de roturiers ; il n'y a qu'une seule exception, elle est pour la famille impériale. Les fils de mandarins, du vivant de leurs pères, et même après leurm ort s'ils ont encore des richesses, jouissent bien d'une certaine considération ; mais leurs parens défunts et leurs richesses disparues (ce qui n'est pas rare), ils rentrent dans la classe des gens ordinaires ; le mérite seul ou la fortune distinguent un Chinois d'un autre. S'i est adonné à l'étude, il peut prendre les degrés, et être rangé parmi les lettrés, pourvu toutefois qu'il ait de l'argent suffisamment pour payer les dépenses

publiques, toutes choses naturellement propres à conserver les familles ; 3° le mariage des soldats ; 4° la paix dont jouit l'empire, paix si rarement ou si légèrement troublée, qu'on pourrait l'appeler perpétuelle, etc.

(1) Voici les noms des dix-sept provinces chinoises : Kouâng-Tông, Foû-Kièn, Tché-Kiâng, Kouâng-Sî, Yùn-Nân, Koùi-Tcheou, Hoû-Nân, Hoû-Pé, Kiâng-Sî, Kiâng-Nân, Chaû-Tông, Hô-Nân, Sé-Tchuân (que nous avons toujours nommé Su-Tchuen ; nous conserverons cette orthographe pour maintenir l'uniformité dans nos cahiers), Chân-Sî, Kân-Tsiô, Chén-Sî, Pê-Tché-Ly.

qu'il sera obligé de faire ; s'il est riche, mais sans talents, il achètera une globule, qui lui coûtera plus ou moins, selon le degré de distinction qui y est attaché, mais qui ne passera pas à ses descendants. Cette petite marque de vanité l'exemptera de certaines corvées ; devant le mandarin, il ne se mettra pas à genoux pendant l'interrogatoire ; il aura auprès de lui un accès plus facile, et pour cela il sera craint et respecté du commun du peuple.

Du caractère du peuple chinois, de ses usages, dé ses vertus et de ses vices.

Les Chinois, en général, sont doux, laborieux, patients ; leur industrie pour gagner de l'argent est surtout remarquable ; aucun état, aucune profession n'est vile ; pourvu qu'ils parviennent à s'enrichir, la fortune fera disparaître la bassesse de leur profession ; une fois riches, ils changeront de manière de vivre. C'est cette soif de l'or qui les rend dissimulés et injustes pour la plupart : cependant s'ils sont surpris à mentir, rarement ils pourront s'empêcher de rougir. A l'amour des richesses ils joignent celui de l'ostentation : ils sont sensibles aux louanges ; en leur particulier, ils observent une grande frugalité ; si quelquefois ils font bonne chère, c'est plutôt la nécessité de se montrer qu'autre chose qui les y engage. Nulle part peut-être des vicissitudes de fortune plus fréquentes et plus rapides : des Chinois dont les pères étaient mandarins se trouvent souvent réduits à devenir portefaix. En général, ils sont vindicatifs; s'ils ont perdu un procès ou reçu une injure dont ils ne puissent pas demander réparation, ils se pendront à la porte de la maison de leurs ennemis et adversaires, ou bien sur leur territoire, dans le seul dessein de leur nuire, et par là même d'exercer une sorte de vengeance. Les suicides et les homicides sont aussi très-fréquents. L'infanticide est commun dans les provinces méridionales. Il faut dire toutefois que cet usage barbare d'étouffer les enfants au moment de leur naissance, si les parens en sont surchargés, est plus toléré que permis; le gouvernement ne s'en occupe pas.

La classe ouvrière n'est pas méprisée par les classes plus relevées. Des personnes très-riches, et même de qualité, ne croient pas s'abaisser en mangeant avec leurs parents peu fortunés, ou même avec leurs ouvriers et domestiques; elles rendront toujours le salut aux pauvres, quelquefois les préviendront, si elles sont en pays de connaissance; car ceux qui ne se connaissent pas ne se saluent pas, à moins qu'ils n'aient quelque chose à traiter ensemble. Les vieillards sont très-respectés, les mandarins eux-mêmes ont pour eux des égards. Quant aux pauvres, ils sont de deux espèces : les uns gagnent leur vie du travail de leurs mains; les autres sont des mendiants qui composent une classe dégradée; souvent ils n'ont qu'un peu de paille pour couvrir leur nudité. A voir leur visage pâle et enflé, l'on s'aperçoit d'abord de leur état de souffrance; personne ne les retire chez soi, de crainte d'être volé ; ils couchent sur des ponts et dans les places publiques ; on leur refuse jusqu'aux creux des rochers, de crainte qu'ils ne viennent à y mourir ; car alors le propriétaire serait obligé de défrayer le mandarin qui fait la levée du cadavre, et souvent d'avoir un procès, ce qui en Chine est toujours très-dispendieux. Il faut dire cependant que si ces pauvres pour la plupart n'étaient joueurs ou fripons, ils trouveraient dans ce qu'on leur donne de quoi subvenir aux plus pressants besoins.

Lorsqu'un propriétaire loue un terrain, il a toujours soin d'exiger du fermier un gage équivalent ou même excédant les revenus du bien qu'il afferme ; sans cette précaution, il devrait bien s'attendre qu'une fois la récolte faite, le fermier vendrait les fruits et prendrait la fuite. L'on trouve en Chine des espèces de monts-de-piété, qui ont les mêmes règles que les nôtres ; mais l'usure y est exhorbitante : de plus, si le prix provenant de la vente du gage surpasse la somme prêtée, l'excédant n'est pas rendu à l'emprunteur. Comme ceux qui tiennent ces monts-de-piété deviennent très-riches en peu de temps, les mandarins, dont l'autorisation est nécessaire, savent bien partager avec eux les bénéfices ; et voici le moyen dont ils se servent : ils envoient quelques habits qu'ils ont déjà portés, comme gage d'une somme qu'ils veulent emprunter, sans en désigner la quotité ; les banquiers qui savent ce que cela veut dire, leur donnent deux fois plus d'argent que ces vêtemens ne valent ; à ce prix, ils achètent la paix. J'ai parlé de l'usure : les lois de l'empire permettent le trente pour cent, mais les particuliers n'exigent ordinairement que le vingt; aussi ceux qui ont contracté des dettes, s'ils ne s'acquittent promptement, sont bientôt ruinés. Quand une femme, veuve de bonne heure, ne passe pas à de secondes noces et élève bien sa famille, elle jouit d'une grande considération; ses enfants parvenant aux dignités, ou simplement gradués, obtiennent de l'empereur la permission d'ériger un monument à la mémoire de leur mère : il consiste en un grand portail en pierre avec une belle façade; placé sur la route près des bourgs ou des villes, il fera connaître à tout le monde la vertu et le mérite de la veuve. Les Chinois sont quelquefois très-opiniâtres et hargneux, ils ont souvent des procès qui les ruinent. Les crédits sont très-fréquents, et il faut que le créancier attende long-temps son débiteurs : si enfin il est poussé à bout, il prend quelques hommes dévoués, et va faire de nouvelles sommations; alors il faut de bonnes raisons, autrement on en vient aux coups. Quand le débiteur a été bien battu, il devient plus traitable, il convient de sa dette, et, s'il n'a pas d'argent, il assigne un terme qu'il ne dépassera pas sans payer quelque chose, s'il ne peut se libérer intégralement.

Les routes ordinaires ne sont pas entretenues aux frais du gouvernement; ce sont les particuliers qui se cotisent pour les réparer, ainsi que les ponts qui les traversent. Si quelquefois ils sont obligés de faire un ouvrage neuf, ils ont soin d'élever une colonne en pierre, où sont gravés le noms de tous ceux qui y ont contribué. Un particulier a-t-il donné plus que les auters, son nom sera gravé le premier, et la somme mentionnée. Les routes militaires sont aux frais du gouvernement; par précaution, le mandarin chargé du travail demande une fois plus d'argent qu'il n'en faudrait pour la construire. Les routes ordinaires ne sont pas tracées en droite ligne; leur direction dépend absolument du caprice de celui sur le terrain duquel elles doivent passer; aussi est-on souvent obligé de contourner les champs des propriétaires. Les écoles sont en grand nombre; ordinairement elles sont aux frais de ceux qui y étudient; quelquefois, à ceux des propriétaires d'un bourg qui ont besoin d'un maître pour élever leurs enfants. Les écoles sont indépendantes du gouvernement; quiconque a des talents peut en ouvrir. De temps à autre le mandarin envoie un examinateur, pour faire composer ceux qui les tienuent; ceux qui ne se sentent pas de force à subir l'examen en sont quittes pour faire fermer les leurs pour toujours.

On trouve en Chine des greniers publics; ils appartiennent soit aux particuliers, soit au gouvernement. Ceux du gouvernement sont entretenus par le mandarin, qui doit veiller à ce qu'ils soient sans cesse remplis. Lorsque la famine commence à se faire sentir (1), on fait des distributions de riz aux indi-

(1) Ces famines sont assez fréquentes; ce qui empêche ce u en Europe, c'est la libre circulation du commerce et des grains. La position géographique de la Chine entourée

gens: il est à regretter seulement que les satellites en soient chargés, car ils en dérobent toujours une portion. Lorsqu'il n'y a pas disette, le mandarin fait vendre ce riz, et en achète du nouveau à la récolte; il va sans dire que le produit de ce trafic est pour lui. Si les greniers situés dans son district ne sont pas pleins, et qu'on porte une accusation contre lui, il est sûr de perdre sa place. Les autres greniers appartiennent à des particuliers qui auront acheté un fonds, pour affecter les revenus à cet objet. Une fois remplis ce qui reste du revenu est employé aux dépenses communes de l'arrondissement, par exemple, pour défrayer le Hiâng-Yô, dont les fonctions répondent à celles de nos maires et de nos juges de paix, et pour les réparations et l'entretien de ces magasins. Dans les années d'abondance, on prête le riz ou on le vend; au moment de la récolte, on fait rentrer avec usure celui qui avait été prêté, et on achète du nouveau avec l'argent provenant de celui qui avait été vendu; de sorte que ce fonds commun s'accroît rapidement. Le mandarin lève une espèce de tribut sur ces greniers: lorsqu'il y a famine, les particuliers y ont recours pour soulager les pauvres. L'empereur vient aussi à leur secours, en faisant passer des sommes

de peuples barbares, et l'isolement volontaire où elle se tient à l'égard des nations civilisées, sont les deux principaux motifs pour lesquels une mauvaise récolte produit une année de disette; les provinces surchargées de population ne pouvant guère s'entr'aider.

considérables dans les provinces où règne la famine ; mais ces sommes restent souvent en partie entre les mains des mandarins. Dans chaque ville l'on trouve des hôpitaux, la plupart dotés et entretenus par le gouvernement ; mais on n'y reçoit que les personnes âgées ou infirmes, et qui ne peuvent se nourrir. Du reste, ils sont mal administrés, et les revenus en grande partie dévorés par les satellites.

Quoique les Chinois soient en général très-corrompus, cependant ils observent une grande réserve extérieure. Un homme, en parlant à une femme, ne la regardera jamais en face, ni ne se tournera vers elle. Lorsqu'une femme sort pour se rendre dans quelque endroit, si elle a soin de sa réputation, elle se fera toujours accompagner. Lorsqu'elle arrive dans une auberge, ce n'est pas l'aubergiste qui vient la recevoir, mais sa femme ou sa fille, qui l'introduit dans l'appartement où mangent les femmes, et qui a soin d'elle. S'il arrive un étranger à la maison, et qu'il soit invité à dîner, serait-ce un ami de la famille, les femmes ne mangeront pas à la même table, à moins que ce ne soit un parent.

Portrait et habillement des Chinois.

Les Chinois sont de moyenne taille, ils ont le visage large, les yeux noirs et petits, le nez plus court que long. Les idées qu'ils ont sur la beauté leur sont toutes particulières ; ils arrachent avec des pinces les poils de la partie inférieure du visage, et n'en laissent qu'un petit nombre épars en forme de barbette.

Les princes tartares les obligent, dit-on, de se couper les cheveux ; du moins est-il certain que, semblables en cela aux mahométans, ils ne portent qu'un petit bouquet de cheveux sur le haut de la tête.

L'homme qui a le plus d'embonpoint est à leurs yeux le plus beau. Le teint est clair dans les provinces du nord, et basané vers le midi. Les gens de qualité et les gens de lettre, par un raffinement de vanité, laissent croître leurs ongles pour montrer qu'ils ne s'occupent d'aucun travail manuel.

Les femmes ont les yeux petits, les lèvres arrondies et vermeilles, la chevelure noire, et les traits réguliers. Une Chinoise n'est belle qu'autant qu'elle a les pieds d'une petitesse extrême ; c'est la beauté par excellence. Le soin qu'on prend de leur donner cette perfection fait le tourment et le supplice de la jeunesse. Il faut emmaillotter les pieds et les tenir étroitement serrés. Aussi, dans un âge plus avancé, elles semblent chanceler plutôt que marcher.

L'habillement varie suivant la distinction des rangs et la diversité des saisons. Comme il y a fort peu de laines dans la Chine, on supplée aux draps par les pelleteries, et à nos autres étoffes par celles qu'on y fait, en employant le coton, le chanvre, le lin, et différentes racines ; surtout par cette prodigieuse quantité de soieries dont les Chinois ont varié les espèces selon les saisons, et qu'ils ont eu la sagesse de mettre au niveau de tous les états. La loi, qui règle tout dans la Chine, a déterminé la nature et la forme des habillements, et jusqu'à la couleur qui distingue les rangs, les états et les professions. L'empereur et les princes du sang ont seuls le droit de porter le jaune. Les mandarins se vêtent d'un satin fond rouge, mais seulement dans les jours de cérémonie; les autres jours ils s'habillent en noir, bleu ou violet.

La classe ordinaire du peuple ne porte que le noir ou le bleu, est l'habit et toujours de coton uni. Les hommes ont des chapeaux en forme de cloche; les personnes de distinction les garnissent de pierreries et de bijoux. Le reste du vêtement est aisé, large, et consiste en une veste avec une ceinture, un habit ou robe par dessus, des bottines de soie piquées en coton, et une paire de caleçons; le peuple ne porte que des souliers.

La mode et le caprice n'ont aucun empire sur la forme et l'habillement. Les femmes mêmes, dont le costume diffère peu de celui des hommes, sont assujetties à cette loi d'uniformité, et elles ne peuvent se permettre de nouvelles modes, si ce n'est dans l'arrangement des fleurs et des autres ornements qu'elles mettent sur la tête. Elles ont en général un réseau de soie qui leur tient lieu de chemise, et par-dessus elles portent une veste et de grands caleçons de soie, qui dans l'hiver sont garnis de fourrures. Elles mettent de plus, par dessus cette veste, une longue robe de satin, rassemblée avec grâce autour du corps, et nouée avec une ceinture. Les couleurs sont différentes, le goût consiste dans leur choix et leur contraste. Les femmes laissent croître leurs onglés et ne conservent de leurs sourcils qu'une ligne arquée et très-mince ; tandis que chez les hommes l'embonpoint est un des caractères de la beauté ; chez les femmes elle consiste dans la finesse et la délicatesse de la taille. Elles ne négligent aucun moyen d'atteindre à cette perfection, et de la conserver.

De la nourriture des Chinois, et des produits de leurs terres.

La nourriture de plus de la moitié des Chinois est le riz. Ils cultivent aussi le maïs, le millet, le froment et l'orge ; mais ils font très-mal le pain : le maïs se mange en bouillie et en petits gâteaux. La viande la plus ordinaire est celle du porc, du bœuf, du buffle, du mouton, du cheval et du mulet ; ils aiment surtout les canards et les poules (1). Un grand nombre mangent aussi le chien et le chat, cependant plus rarement ce dernier. Leurs légumes sont les fèves, les pois, les patates douces, les carottes, les raves, les citrouilles, le chou, la laitue, les épinards, le céleri, et d'autres herbes potagères qui n'existent pas en Europe. Leur viande ainsi que leurs légumes sont presque tous cuits à l'eau ; de sorte qu'il faut avoir appétit pour les manger. Leur boisson ordinaire est le thé ; l'on ne peut guère boire d'eau sans s'exposer

(1) Leurs mets les plus délicats sont les nageoires de requin, et les nids d'une espèce d'hirondelle.

à être malade. En place de vin, ils usent de liqueurs spiritueuses, qu'ils tirent des grains que j'ai énumérés ci-dessus. La meilleure de ces liqueurs est celle qui est faite avec une espèce de millet qu'ils nomment *kào-lyâng*, et dont la tige approche de celle du maïs. On trouve cependant en Chine quelques treilles, dont on mange le raisin ; mais on ne sait pas faire le vin. Leurs fruits sont presque les mêmes que les nôtres, mais point aussi savoureux ni aussi variés. Ils cultivent la canne à sucre, et toutes sortes d'orangers, du moins jusqu'au 50ᵉ degré de latitude ; car je doute fort qu'ils réussissent dans le nord. Les provinces du sud produisent le fameux letchi (1) (*ly-tchi*), l'œil-du-dragon, le houâng-py, la banane et l'ananas. Parmi les autres productions, nous remarquons le coton qu'on trouve sur une plante qui se sème chaque année, surtout dans la partie du milieu, et une sorte de chanvre, autre que celui d'Europe, qu'on coupe plusieurs fois, et qui repousse toujours jusqu'à ce qu'on l'arrache entièrement : on en fabrique des tissus très-beaux et d'une grande

(1) C'est un des plus beaux et des plus délicieux fruits qui croissent en Chine, et particulièrement dans la province de Canton ; il égale le volume d'une grosse noix ; son écorce, verdâtre, devient ensuite d'un beau ponceau ; les Chinois le font sécher comme nous faisons des pruneaux, et s'en servent particulièrement dans le thé, auquel il donne un goût acide et aigre, qui leur paraît plus agréable que celui du sucre. L'usage inconsidéré de ce fruit est cependant dangereux.

fraîcheur. Les Chinois cultivent aussi le nôtre, dont ils ne font que des toiles très-grossières ; je doute qu'ils connaissent le lin. Ils nourrissent des vers à soie en grande quantité, et dans le sud ils en font deux récoltes, comme de riz (1). Les plantes médicinales sont en grand nombre. La rhubarbe, et une autre qu'ils nomment *hiou-pô*, tiennent le premier rang. Parmi les animaux curieux, on peut citer la poule dorée, la gazelle et une autre bête couverte d'écailles, de la grosseur d'un chat, qu'ils nomment *tchouân-chân-kia*. Enfin, la Chine produit des mines d'or, d'argent, de cuivre, de fer, etc. On trouve dans toutes les provinces des carrières de charbon de terre.

De la nature du sol chinois, et de sa température.

Le territoire de Chine est fort inégal. Les provinces méridionales, à partir du Yùn-Nân jusqu'au Tché-

(1) Outre les vers à soie que nous connaissons en Europe, les Chinois ont encore une autre espèce de ces insectes plus gros que les nôtres, et qui se nourrissent de feuilles de chêne ; ils n'ont besoin que de gardiens pour les défendre de la voracité des oiseaux, et l'on tend des espèces de cordages d'un arbre à l'autre afin de leur en faciliter le passage. Cette espèce de vers à soie existe réellement : le Koùi-Tcheou où ils se trouvent est une des provinces de la mission où était celui dont nous publions le travail ; il ne peut donc y avoir de doute à ce sujet, il ajoute seulement que la soie de ces animaux est plus grossière que celle de l'espèce que nous connaissons.

Kiâng, sont remplies de montagnes, dont une partie est aride. Le Kiâng-Sî, le Hoû-Nân, le Hoû-Pé, et à ce qu'on m'a dit, le Kiâng-Nân, le Hô-Nân, le Chén-Sî et Pé-Tché-Ly, sont de vastes plaines. Les deux provinces du Hoû-Nân et du Hoû-Pé, qui comprennent ce qui composait l'ancien Hoû-Kouâng, ont été submergées pendant trois années consécutives; depuis cette époque, ces deux belles provinces ne sont plus aussi riches. Lorsque j'y passai (en novembre 1853), l'on faisait encore des trois à quatre journées de route dans un pays couvert d'eau, où l'on n'apercevait que des arbres de haute futaie, et point de maisons, si ce n'est çà et là dans des endroits un peu élevés. La province du Hô-Nân a aussi éprouvé des désastres; jusqu'à onze villes ont été englouties à la suite de tremblement de terre. La capitale de l'ancien Hoû-Kouâng, Hân-Kéoù, qui renferme dans son enceinte deux villes du premier ordre, et qui est plus étendue que Pékin, a été submergée pendant un mois. Les autres provinces sont plus ou moins montagneuses. Celles du milieu de l'empire, à partir du Sé-Tchuân, sont fertiles et peuplées; les villes, très-rapprochées les unes des autres. Dans la seule province du Sé-Tchuân, l'on compte 108 villes du 3e ordre, 19 du 2e et 12 du 1er. Dans le territoire d'une ville de 3e ordre, il y a jusqu'à 40 marchés ou bourgs; j'ai parcouru le territoire de quelques-unes, qui renfermait jusqu'à 48 marchés, dont un grand nombre valent nos petites villes d'Europe, et souvent les surpassent. Il y a bien peu de provinces qui ne renferment pas 12 villes du 1ᵉʳ ordre, et d'autres en proportion. Il faut donc que le terrain soit bien fertile pour nourrir tant de monde, et alimenter des cités si populeuses. On n'appelle villes que celles qui sont entourées de remparts ; les autres, fussent-elles plus peuplées que celles du 1ᵉʳ ordre, n'ont que le nom de marché.

La température de la Chine est aussi variée que son sol. Il ne gèle pas à Kouâng-Tông, cependant le froid y est très-piquant. Par 50 et 51 degrés de latitude, en hiver, l'on commence à avoir de la neige, mais qui ne tient pas dans les plaine. Quelques hivers, comme celui de 1833, y sont rudes. Au Chân-Sî et dans tout le nord, ils sont si âpres, que le fleuve Jaune (1) est couvert d'une glace épaisse sur laquelle passent les porteurs avec leurs fardeaux, les bêtes de somme et les charrettes. Ce fleuve cependant coule au sud de Pékin (Pé-Kîn), qui est par 4o degrés de latitude nord. Le froid qu'on éprouve en Chine, semble beaucoup plus pénétrant qu'en Europe : l'on ne peut guère en attribuer la cause qu'à la quantité de nitre dont la terre est chargée. En été, lorsque la chaleur est forte, et qu'elle fait monter les vapeurs de la terre, l'on aperçoit les colonnes et les murailles des maisons toutes mouillées, et le lendemain matin, comme couvertes d'une espèce de givre blanc qui n'est autre que du nitre. Les transitions subites de la

______

(1) Ainsi appelé à cause de la grande quantité de limon qu'il roule à la mer.

température sont fréquentes ; en été, les chaleurs très-fortes, l'atmosphère très-humide. Une chose digne de remarque, c'est que la gelée passe sur les pois et les fèves, sans que ces légumes en souffrent , à moins que cette gelée ne soit incontinent suivie d'un beau soleil.

De l'Agriculture.

Les Chinois ont poussé l'agriculture au plus haut point de perfection (1), avec des instruments aratoires très-imparfaits. Aucun laboureur européen ne pourrait se servir de leur charrue ; elle est sans coutre, sans oreilles et sans roue ; c'est un soc emmanché à un morceau de bois recourbé , très-simple ; je la crois aussi ancienne que leur empire : cependant elle leur suffit. Ils ne laissent pas en friche le plus petit morceau de terre; les bords mêmes des chemins sont cultivés.

Ils savent avoir égard aux variations de l'atmosphère, et ranimer un terrain trop froid avec la cendre d'ossements d'animaux ; enfin ils ne négligent aucun moyen d'engrais. On voit des Chinois, revêtus de beaux habits de soie et un panier à la main, suivre des buffles ou des porcs pour recueillir leur fumier. Ils cultivent avec tant de soins, que quelquefois une

(1) On sait que chaque année l'empereur ouvre un sillon de sa propre main ; c'est en Chine une cérémonie religieuse, à laquelle le prince se prépare par trois jours de jeûne.

colline sera toute composée de rizières, les unes au-
dessus des autres, oomme des degrés, et toutes remplies d'eau (1). Le sommet même de la hauteur est
souvent une rizière. S'il n'y a pas de rivière aux environs, ils creusent des réservoirs pour les temps de
sécheresse. S'il faut faire monter l'eau d'uu ruisseau,
ils se serviront pour cela d'une espèce de chapelet
adapté sur deux cylindres. Ces chapelets sont d'un
grand usage dans les endroits montagneux : mais dans
les plaines, ce sont des canaux qui servent à l'irriga-
tion des terres. Les Chinois n'ont guère de buffles ou
de bœufs que ceux indispensables pour l'agriculture :
ils ne nourrissent pas de vaches, ayant leur lait presque en horreur; mais ils engraissent beaucoup de
volailles.

De l'Architecture.

L'architecture chinoise est tout à fait différente de
la nôtre; nous n'avons rien en France qui lui ressemble. Les maisons sont ordinairement adossées à
un monticule, s'il y en a; elles sont plus longues que
profondes : où le bois abonde, elles en sont bâties,
supportées par des colonnes entre lesquelles se trouve
une espèce de natte grossièrement tissue, et couverte
de terre blanchie ensuite avec de la chaux. Les pièces

____

(1) Dans ces rizières on trouve beaucoup de poissons, ainsi
que dans les étangs et les rivières ; la pêche est plus fruc-
tueuse en Chine que la chasse.

de la charpente sont parfaitement liées et s'aperçoivent, de sorte qu'on dirait un cadre qui se démonte et qu'on peut transporter où l'on veut. Où il y a peu de bois, les murs sont en briques ou en terre, la couverture en tuiles creuses ou en paille. Dans la province de Kouâng-Tông, les maisons sont presque toutes en briques; elle n'ont guère qu'un rez-de-chaussée. Dans les villes, plusieurs ont un premier étage, ou pour mieux dire un grenier. Elles ne doivent pas égaler en hauteur les temples d'idoles (1); celui qui serait assez hardi pour le tenter serait exposé à avoir un procès et à démolir. A l'intérieur, les appartements sont mal distribués, mal aérés; les vitres, remplacées par une espèce de treillis en bois assez bien sculpté et recouvert d'un papier de soie. La première pièce que l'on rencontre est la salle où l'on reçoit les étrangers, c'est aussi la salle à manger; cette salle est de toute la profondeur de la maison ou du corps de logis, s'il y a plusieurs bâtiments. De cette pièce l'on passe dans les autres appartements, où personne, pas même un parent, ne peut pénétrer, à moins qu'il ne soit très-proche. Point de plancher, que dans les maisons des riches; point de plafond, s'il n'y a un premier étage: ordinairement l'on n'aperçoit des tuiles que chez quelques particuliers; le plus souvent, les habitations sont couvertes de nattes sur lesquelles l'on a appliqué quelques feuilles de papier. A voir de loin de belles

______

(1) Leur hauteur commune, du sol jusqu'au toit, est ordinairement de 10 à 15 pieds; et celle du faîte, de 20 à 30.

maisons chinoises, elles offrent un joli coup d'œil;
mais l'intérieur ne répond pas au dehors : comme
elles n'ont qu'un seul étage, un particulier en occupe
quelquefois jusqu'à trois contiguës ; il n'est pas étonnant, d'après cela, que les villes s'étendent sur une
surface très-considérable. Devant la façade est toujours une belle cour qui sert à sécher le riz, à battre
les autres grains, et à divers usages. Le derrière de la
maison et les côtés sont environnés d'une forêt de
bambous ou d'autres arbres. Lorsqu'il y a plusieurs
corps de logis, ils sont séparés par des cours intérieures. Les temples d'idoles, beaucoup plus élevés que
les maisons, comme je l'ai déjà dit, ont ordinairement
une belle façade, supportant une galerie destinée
pour des acteurs qui y jouent la comédie. Les coins
du toit, qui est plus en pente que celui des édifices
privés, sont relevés en manière de corne. Devant la
façade, à droite et à gauche de l'entrée, sont placés
des lions en pierre d'une grosseur énorme, mais assez
mal sculptés. Après avoir franchi le portail, on trouve
une vaste cour, entourée par de longues galeries soutenues par des colonnes; au fond est le temple proprement dit : c'est là que sont les statues en bois ou en
pierre de différentes couleurs, hideuses pour la plupart, bien que vernies ou dorées. Devant les statues,
des réchauds ou de grands vases portent les lumières
et les parfums que l'on brûle en l'honneur des dieux ;
à côté, une ou deux cloches en fer, avec une énorme
caisse ou tambour. Outre cet édifice principal, qui est
proprement le sanctuaire, il y a encore des bâtiments

latéraux où habitent les bonzes. Quand les temples d'idoles se trouvent adossés à un rocher ou sur une colline, an milieu d'une forêt, ils présentent à l'œil une perspective très-pittoresque. Les Chinois ont soin de placer, sur les hauteurs, des tours de plusieurs étages qui sont beaucoup plus élevées que les temples ; leur forme est hexagone ou octogone. Chaque étage supporte un avant-toit, qui ne sert pas tant à abriter la galerie qui s'y trouve, qu'à contribuer à la beauté de l'édifice. Ces tours sont bâties aux environs des villes, non point pour leur défense, mais pour attirer la prospérité sur les habitants, et pour éloigner d'eux certaines calamités. Bâties quelquefois à une demi-lieue de la ville, celle-ci doit se ressentir de leur heureuse influence.

Des voyages, routes et auberges.

Lorsqu'il y a des rivières, quelque rapides qu'elles soient, c'est par eau que l'on voyage ; les matelots marchent toujours à peu de distance, crainte des voleurs, et s'arrêtent ensemble. Dans les endroits dangereux, ils se réunissent pour les faire franchir successivement à leurs bateaux ; on conçoit que, de cette manière, on fait très-peu de trajet chaque jour. Les rivières sont constamment couvertes de barques qui vont et viennent, sans parler des gondoles qui sont stationnaires dans les villes, et qui servent de boutiques, d'auberges flottantes ou de transports pour les courses intérieures dans la cité. Le soir, en voyant les lumières qui brillent de toutes parts, on dirait un bourg considérable ; le lendemain matin, on est tout étonné de ne plus apercevoir que quelques bateaux en retard. Les routes par terre mériteraient bien mieux le nom de sentier. J'ai voyagé sur le grand chemin de la capitale du Sé-Tchuân, qu'on m'avait annoncé comme un des plus beaux de la province, et qui l'est en effet : il n'a guère plus de cinq pieds de largeur. Lorsque sur ces sentiers on rencontre un buffle ou un bœuf, il faut lui céder le pas et se ranger, si on ne veut tomber dans une rizière remplie d'eau. Je n'ai vu ni char, ni charrette, dans les pays que j'ai parcourus ; il n'y a que des brouettes, comme dans le Kiâng-Sî, le Hoû-Kouâng et la partie ouest du Sé-Tchuân. On dit cependant que dans les provinces du Hô-Nân, du Chén-Sî, du Pé-Tché-Ly, il y a des chariots et des voitures publiques (1). La circulation des denrées et des marchandises a lieu par eau ; à défaut, ce sont des porteurs qui y suppléent ; ils divisent leurs fardeaux en deux parties égales, qu'ils mettent aux extrémités d'un gros bâton ou levier, dont ils chargent ensuite leurs épaules. Dans les endroits qui fournissent du sel ou du charbon de terre, s'il n'y a pas de rivières, les routes sont encombrées de ces porteurs ; de temps à autre on rencontre aussi de petits bœufs ou de mauvais chevaux chargés de

(1) Les routes sur lesquelles se trouvent ces voitures sont , d'après les relations des anciens Missionnaires, beaucoup plus larges que celles dont il vient d'être parlé.

charbon ; peu d'ânes et de mulets, excepté sur la frontière de Hoû-Kouâng, limitrophe de la province de Kouâng-Tông. La cause en est que les deux rivières qui servent à transporter les marchandises des deux provinces, étant interrompues par une chaîne de montagnes, et la quantité de marchandises qui passent d'une province à l'autre étant très-considérable, les porteurs ne sauraient suffire aux transports.

Sur toutes les routes sont des auberges, mais assez mal pourvues : quand on arrive, il n'y a jamais de prêt que le riz et le thé, quelquefois rien du tout, à moins que ce ne soit un très-grand hôtel. Pour la viande, si vous désirez en manger, il faut aller en personne à la boucherie pour s'en procurer. Il en est de même du vin, qui ne se boit jamais que chaud ; on n'en trouve que dans certaines auberges et boutiques. Les lits sont ordinairement très-malpropres ; ce qui oblige à porter toujours avec soi au moins une couverture. Celles des auberges qui sont sur la route, hors des bourgs, logent rarement les passants ; la plupart du temps on ne peut s'y procurer que du riz et quelques mauvaises herbes, mêlées de piment.

Du Commerce.

Il n'y a peut-être pas de nation qui ait l'esprit mercantile comme le peuple chinois ; aussi les bourgs ou marchés sont-ils très-rapprochés les uns des autres, et les jours de foire très-fréquents. Dans les villes ordinaires, il y a neuf foires par lune ou par mois ; dans

celles de deuxième ordre, quinze; dans les grandes villes, tous les jours. Outre les foires ordinaires, il y en a
d'extraordinaires pour les buffles et les bœufs seulement. Dans les ordinaires, l'on trouve toutes les espèces d'animaux que produit le pays, tous les genres
de comestibles, tous les instruments d'agriculture,
toutes les sortes de toiles, etc. Les acheteurs payent
ordinairement par terme; si le vendeur ne connaît
pas l'acheteur, celui-ci est obligé de chercher un
homme de la connaissance des deux contractants, qui
lui servira de caution. Les Chinois ne font pas de
vente ou d'achat sans médiateur; sans lui ils ne
pourraient jamais s'accorder. Cet entremetteur vit
aux dépens des acheteurs, et souvent à celui des deux
contractants. Quand il s'agit de l'achat d'un territoire,
ces médiateurs sont en certain nombre, mais jamais
moins de deux; ils servent de témoins, et si, après la
transaction, il survient un procès, ils doivent com-
paraître devant le mandarin. Pour les médiateurs,
dans les achats d'immeubles, on convient avant tout
du salaire qu'on leur donnera; chaque espèce de
marchandise a son médiateur particulier. Les affaires, pour qu'elles aient de l'importance, se traitent
pendant la nuit : le jour les Chinois se sépareraient
de suite, s'ils ne s'accordaient pas au premier abord;
au lieu que pendant la nuit ils ont le temps, en bu-
vant le thé et fumant la pipe, de s'accommoder et de
conclure les marchés. Il convient d'ajouter à ce que
je viens de dire, que les fraudes sont très-communes,
et qu'il faut être toujours sur ses gardes, si l'on ne

veut être trompé dans tous les genres de commerce.

Des vols et des escroqueries.

Une autre espèce de commerce très-commun en Chine, c'est l'escroquerie. Ceux qui en font le métier ne lui donnent pas d'autre nom que celui de commerce; ainsi voler et enlever par adresse le bien d'autrui, c'est trafiquer.

Il y a deux espèces de voleurs, les filous et les voleurs proprement dits. Les premiers passent sans cesse d'une foire dans une autre. En arrivant au marché au nombre de sept à huit, ils vont saluer les chefs du bourg, et leur demander la permission de faire le commerce, faculté qui leur est rarement refusée, s'il n'y a rien à craindre du mandarin. On a soin cependant de leur recommander de ne pas faire trop d'éclat, de peur de compromettre le ké-tch âng (c'est ainsi que l'on appelle le chef d'uu bourg).Forts de cette permission, les filous entrent dans le marché, se placent dans les endroits où la foule est plus pressée, et enlèvent tout ce qu'ils peuvent, en se le faisant passer de mains en mains. Si on les surprend en flagrant délit, et qu'on leur applique quelques soufflets, ils n'ont garde de riposter, crainte de se faire trop remarquer. Ces filous ont des lois entre eux, qu'ils observent à merveille. Si l'un d'eux par maladresse manque son coup, ou compromet ses associés, il est sûr, le marché fini, d'être jugé et puni, selon que sa maladresse a été plus ou moins grossière.Si une bande de filous en rencontre une autre, il faut se battre, ou bien qu'une des deux cède à l'autre, pour ce jour-là, le privilége du métier. Ces filous out tous des entrepôts, où ils vont déposer les effets volés, qu'ils vendent ensuite. Il n'y a pas de tours de passe-passe qu'ils n'emploient, pour dépouiller un voyageur, s'il est seul, surtout dans les grandes villes. Au nombre de leurs ruses on peut citer la suivante : ils feindront d'avoir perdu quelque chose, et prétendront que les passants l'ont trouvé; ce prétexte leur suffira pour les dévaliser.

Voilà pour le premier genre de vol. La seconde classe de voleurs se compose de ceux qui dérobent la nuit, en employant même l'effraction. Pour se mettre à couvert de ces voleurs, il y a peu de familles chinoises qui n'entretiennent des chiens, plusieurs en ont jusqu'à dix; un bon chien est précieux et très-cher. Mais ce ne sont pas seulement les maisons qui doivent être gardées : si les fruits de la terre, lorsqu'ils sont parvenus à une certaine maturité, ne l'étaient également, un propriétaire pourrait être bien sûr de n'avoir pas la peine de faire sa récolte.

Les mandarins, pour la plupart, punissent bien le vol de quelques centaines de coups de bambou; ils retiennent les auteurs des délits en prison pendant quelque temps ; mais une fois relâchés, leurs plaies à peine guéries, ils recommencent. Si le mandarin dans le district duquel ils se trouvaient fait trop bien observer la loi, ils en sont quittes pour passer dans eelui d'un autre plus accommodant; c'est la seule modification qu'ils apportent à leur genre de vie.

Ces compagnons de rapines ont aussi leurs chefs. Un chef a quelquefois mille hommes sous ses ordres ; malgré cela les assassinats sont rares. Les meurtres, qui ont lieu assez fréquemment, proviennent d'autres causes que de ces brigandages.

Des funérailles.

Les repas funèbres qui s'observent lors de la mort d'un Chinois, surtout s'il est père de famille, méritent bien que nous en disions quelques mots.

Lorsque le malade est à l'agonie, on lui met une pièce d'argent à la bouche, et l'on a soin de lui boucher le nez et les oreilles ; superstition toutes propres à aggraver son mal, et hâter le moment du trépas. A peine est-il mort, qu'on fait pratiquer un trou au haut de la maison, afin de donner aux esprits qui se sont échappés de son corps une plus grande facilité de sortir; puis on se hâte de faire venir les bonzes, pour commencer des prières. Ceux-ci une fois arrivés, l'on érige d'abord la tablette de l'âme à côté du cercueil (1), au pied duquel est une table toute chargée

______

(1) Le cercueil est souvent préparé depuis long-emps : les Chinois, lorsqu'ils parviennent à l'âge de 5o à 6o ans, l'achètent eux-mêmes ; il doit être bien fait, et de bon bois.

de mets, de lumières et de parfums. Tous ceux qui viennent faire des compliments de condoléance et assister aux funérailles, entrent dans la salle où est le cadavre, et se prosternent devant la table, sur laquelle ils déposent ordinairement des lumières et des parfums; car ils ont toujours avec eux leurs petits cadeaux, à moins que le particulier très-riche ne veuille rien accepter. Au dehors de la maison voltigent, suspendus à des bambous, plusieurs flammes de papier sur lesquelles sont tracées plusieurs figures.

Pendant que les bonzes récitent leurs prières en battant la mesure, ce qui dure plusieurs jours, l'on ne mange pas de viande; cependant on reçoit les hôtes qui arrivent, les traitant du mieux que l'on peut. Les bonzes, de temps à autre, appellent tout le monde à pleurer; à cet ordre, parents et étrangers s'approchent du cadavre, et l'on n'entend plus que sanglots.

Pendant qu'on est occupé à faire les préparatifs du repas funèbre (ces sortes de repas sont les plus dispendieux après ceux des noces), s'il arrive un nouveau venu, et qu'il aille pleurer auprès du cadavre, tout le monde doit accourir avec lui : on riait il n'y a qu'une minute, le moment de pleurer est venu, il faut quitter les amusements et savoir grimacer comme les autres.

Cependant les bonzes, par la force de leurs *prières, font une brèche à l'enfer,* pour en faire sortir l'âme du défunt : c'est toujours là qu'elle va en quittant son corps, et les bonzes savent dans quel appartement du tartare elle est détenue, et ce qu'elle y souffre. Cette âme, une fois hors de l'enfer, doit passer sur un pont bâti sur un fleuve de sang, rempli de serpents et d'autres bêtes venimeuses ; ce passage est dangereux, parce que sur ce pont il y a des diables qui l'attendent pour la jeter dans ce maudit fleuve ; mais enfin elle passe, et les bonzes lui donnent une lettre de recommandation pour un des ministres de Foû, qui la fera recevoir dans le ciel placé à l'ouest. D'après la doctrine des bonzes, chaque homme a trois âmes ; l'une va animer un corps, l'autre va en enfer, enfin la troisième réside dans la tablette qui lui a été préparée.

Pendant que les bonzes font ces ridicules cérémonies, l'on brûle une grande quantité de papier-monnaie, afin que le défunt ne manque pas d'argent dans l'autre monde ; puis au jour choisi, on procède à la sépulture. Le mort est revêtu de ses plus beaux habits, quelquefois de quatre ou cinq couleurs différentes. Le cercueil est porté par quatre hommes, souvent par huit, à raison de sa pesanteur. Les personnes qui accompagnent doivent toutes avoir des marques de deuil ; sa couleur est le blanc. En grand deuil, au lieu de bonnet, on place un simple linge autour de la tête ; la robe, les bas, les souliers, la ceinture, qui est de chanvre, tout doit être blanc. Ceux qui n'ont pas l'habillement complet, ont au moins un linge blanc à la tête, ou sur leur chapeau. En avant du convoi, se trouvent un ou deux hommes qui jettent sur la route des sapées (1) de papier pour acheter le passage, de crainte que les esprits n'arrêtent le cadavre. Arrivé au lieu où doit se faire la sépulture, et qui a été inspecté et reconnu bon, l'on ensevelit le mort en tirant quelques boîtes ou pétards ; on revient ensuite à la maison faire un grand repas en mémoire et en l'honneur du défunt. Ce repas s'appelle kâi-tièn-tsioù, parce qu'avant le festin l'on fait des libations de vin aux mânes du mort ; l'on a fait rôtir quelques porcs, on les lui offre, puis on les mange. Tout le monde est admis à cette espèce de repas. Si les parents du défunt sont à leur aise, c'est une bonne aubaine pour les pauvres des environs qui accourent tous au festin.

Il faut noter que le tao-tchâng, ou prières des bonzes, le jour de la sépulture, et le kâi-tièn-tsioù, sont des actions tout à fait distinctes, et que l'on sépare très-souvent, parce que le jour qui est favorable pour la sépulture ne l'est pas pour le kâi-tièntsioù. Il arrive aussi que le lieu où doit être enseveli le cadavre n'est pas encore propice, d'après les observations des astrologues, et qu'il faut attendre quelques mois, et même quelques années, pour qu'il porte bonheur à la famille du défunt ; en attendant le moment déterminé par les devins, on l'enterre dans un autre endroit, quitte à l'exhumer ensuite pour le transporter, au jour choisi, dans l'endroit désigné.

(1) Monnaie qui équivaut à un demi-centime environ.

Le deuil doit durer trois ans , c'est-à-dire vingt-sept lunes, pour les enfants et les petits-fils. On ne le porte que quelques jours pour un égal.

Il n'y a pas de musique dans les repas funèbres. Lorsque le malade a expiré , tandis que les bonzes font leurs prières , et pendant la sépulture, l'on entend de temps à autre le son du tam-tam (1).

PREMIÈRE LETTRE.

Cap-Vert.— Grisgris. —Ile de Gorée.

Mon très-cher père, vous avez désiré savoir les aventures les plus singulières de notre voyage ; il faut vous obéir et vous marquer le profond respect que je veux conserver pour vous, en quelque endroit du monde que je me trouve.

Je vous ait écrit de l'île de Gorée pour vous apprendre ce qui nous était arrivé depuis notre départ du port Louis.

Nous sommes arrivés, au cap Vert, le 24 mars 1701. Le lendemain, qui était le vendredi saint, M. de la Rigaudière, notre capitaine, voulut qu'on commençât

(1) Espèce de tambour.

le jour par entendre prêcher la passion de notre Seigneur et par adorer la croix; ce que tout le monde fit avec de grandes démonstrations de dévotion, excepté quelques matelots, nouveaux convertis, qui allèrent se cacher, pour n'être pas obligés d'assister à cette pieuse cérémonie.

Pendant que nous demeurâmes au *cap Vert*, nous fîmes faire les pâques à l'équipage. C'était trop pour cela de neuf prêtres que nous étions : on se partagea. Les uns allèrent à la forteresse de Gorée, où ils prêchèrent et confessèrent pendant tout ce saint temps; les autres s'attachèrent à deux vaisseaux malouins, qui étaient au mouillage, où ils trouvèrent de quoi exercer leur zèle; il y en eut qui se transportèrent dans le continent d'Afrique, et qui allèrent à une ville qui s'appelle *Rufisque*, où ils instruisirent quelques Portugais chrétiens.

Les nègres de Gorée honorent le prophète Mahomet, et sont fort religieux à se faire circoncire. La plupart se mêlent de magie; du moins font-ils acheter à très-grand prix des pactes écrits en caractères mystérieux qu'ils appellent *grisgris*, et qu'ils donnent comme des remèdes préservatifs contre toutes sortes de maux. Un de ces nègres ne crut pas, après trente ans de servitude, avoir perdu son temps d'obtenir pour récompense un de ces grisgris; il prétendait, en le portant, être à l'épreuve de tous les coups de mousquet et d'épée qu'il pourrait recevoir. Il ne voulut pas cependant que nos Français en fissent sur lui aucune expérience.

Gorée est une petite île où il n'y a de place que pour la forteresse et pour quelques habitants; à peine pûmes-nous y trouver assez d'eau pour remplir nos barriques. Le bétail qu'on pourrait tirer du continent qui l'avoisine ne vaut rien, parce qu'il n'y a point de pâturages. L'air y est toujours embrasé et la terre stérile. Dans la campagne on voit des éléphants, des cerfs et des singes. Les habitations ne sont que de méchantes cases couvertes de roseaux; les habitants vont presque nus, et tout leur habit consiste dans une toile de coton dont ils se couvrent depuis la ceinture jusqu'à la moitié de la cuisse; c'est tout ce que la chaleur du pays leur permet de porter sur eux. Ils n'ont pour toute nourriture que du millet, point de vin, point de blé, point de fruits. Ce qui est admirable, c'est que ces malheureux ne laissent pas de croire que leurs pays est le paradis de la terre. On leur ferait une espèce d'injure de paraître leur porter compassion; aussi les voit-on toujours avec un visage gai et riant, et, sans la crainte des coups de bâton que les Européens ne leur épargnent guère, ils ne changeraient pas de condition contre qui que ce fût. Ils sont de ces peuples qui croient que le blanc est la couleur des diables, et qui comptent parmi les prérogatives de leur nation d'être les peuples les plus noirs de l'Afrique. Il est certain que cette couleur ne rend point désagréable, quand c'est un noir d'ébène bien profond et bien éclatant, comme ils l'ont effectivement presque tous.

I.　　　　　　　　　2.

Requins. — Souffleurs. — Baptême sous la ligne, etc.

Ce fut le 31 mars que nous sortîmes de la rade de Gorée. Vers les 7 ou 8 degrés de latitude nord, les calmes nous prirent, et nous commençâmes à ressentir d'excessives chaleurs. Nous avions le soleil presque sur nos têtes, et il ne faisait point de vent. Nos officiers auraient bien voulu se baigner, mais on n'ose le faire dans ces mers à cause des requins. Nous en prîmes une assez grande quantité ; car dans les calmes on les voit d'ordinaire à la suite des vaisseaux ; mais ceux que nous pêchâmes n'avaient guère que six ou sept pieds de long, et ce n'est rien en comparaison de tant d'autres poissons plus gros qui sont dans ces mers. Nous vîmes des *souffleurs* de plus de vingt pieds. Enfin, nous passâmes pour la première fois la *ligne ;* c'était un dimanche ; par respect pour ce saint jour, on remit au lendemain la cérémonie à laquelle les matelots ont donné, fort mal à propos, le nom de *baptême*. Elle consiste à baigner dans une cuve d'eau ceux qui n'ont pas encore passé la ligne, à moins qu'ils ne donnent de l'argent à l'équipage pour se rédimer de cette vexation, qui est devenue depuis longtemps une espèce de droit incontestable.

Depuis la ligne jusqu'au détroit de Java, il ne nous arriva rien de remarquable, et notre navigation, mêlée de calme et de gros temps, fut très-heureuse. Les vents furieux, qui élevaient les vagues aussi haut que des montagnes, ne nous empêchaient pas de faire nos quatre-vingts et cent lieues par jour. Il y avait dé la fatigue; mais quel plaisir aussi de se voir avancer à si grandes journées vers son terme! Avec cela nous avions le divertissement d'une chasse et d'une pêche toutes nouvelles. On tirait les poissons en volant, et on prenait les oiseaux à la ligne. Cela vous paraîtra extraordinaire, et rien n'est pourtant plus vrai. Les marsouins ou cochons de mer sont des poissons; lorsqu'ils paraissaient hors de l'eau, et qu'ils s'élançaient, on les frappait à coups de dards; et les damiers, qui sont des oiseaux, venaient se prendre sur la superficie de l'eau à des hameçons où étaient attachés des appâts.

Les froids qui se rendent sensibles en ces quartiers-là, après qu'on est sorti de la zone torride, causèrent le scorbut à une grande partie de notre équipage; trois hommes en moururent assez promptement. La crainte de la mort disposa deux de nos matelots, l'un suédois et l'autre hollandais, à écouter plus volontiers nos instructions, et à faire ensuite abjuration du luthéranisme.

On avait ordre de mouiller à l'*île du Prince*, pour y faire en passant du bois et de l'eau, et non pas à l'île de Java, qui appartient aux Hollandais; mais comme l'île du Prince est déserte, et qu'il y a beaucoup de tigres, elle n'était propre ni à mettre nos malades à terre, ni à nous fournir les rafraîchissements dont nous avions besoin; il fallut aller à *Java*, où nous jetâmes l'ancre auprès d'une habitation des insulaires, et débarquâmes nos malades, qui commencèrent à s'enterrer tout vifs dans le sable : c'est le remède le plus prompt pour guérir le *scorbut*.

Après avoir fait de l'eau et quelques provisions à Java, on remit à la voile, mais le calme nous retint en vue presque tout le reste du jour; ce qui donna le loisir à une infinité de petits canots des Javans de venir nous apporter des fruits et des raretés du pays, des cocos, des bananes, des ananas, des ramplimoutes, des singes et des oiseaux fort curieux. J'y remarquai, entre autres, des perdrix extraordinairement belles, et de petites perruches d'une gentillesse charmante, dont le plumage est mêlé de vert et de rouge; elles portent trois ou quatre petites plumes élevées sur la tête à peu près comme celles des paons et ne sont pas plus grosses qu'un tarin. Quand j'aperçus cette foule d'Indiens qui tournaient et voltigeaient autour de notre vaisseau, dans des creux d'arbres qui leur servaient de bateau, que je vis ces arbres extraordinaires qui bordaient le rivage de part et d'autre, que je reconnus ces îles et ces mers dont j'avais lu les noms barbares dans la vie de saint François-Xavier, je commençai tout de bon à sentir que j'étais dans un nouveau monde; je promenais avec plaisir ma vue de tous côtés dans l'étendue immense de ces plages, que les miracles de l'apôtre des Indes, et encore plus ses souffrances et les conversions qu'il y a faites, ont rendues si fameuses.

Ile de Polaure.

Nous passâmes heureusement et en très-peu de temps les détroits de Java et de Banka, et nous touchâmes à l'*île de Polaure*, habitée par les *Malais* qui sont mahométans de religion. Ils ne dépendent que d'un capitaine qu'ils se choisissent eux-mêmes. C'est une espèce de petite république. Les Malais sont noirs, mais un peu moins que ceux que nous vîmes à Gorée. Ils vont presque nus; ils n'ont qu'une écharpe de toile peinte ou de taffetas qu'ils se mettent autour du corps en cent façons, toutes un peu négligées, mais toutes naturelles et d'un très-bon air. Ils portent tous à la ceinture une espèce de poignard ou de cric, dont ils se servent dans l'occasion avec une adresse merveilleuse. Ils sont braves naturellement; et quand ils ont pris leur opium, qui leur cause une espèce d'ivresse, ils deviennent redoutables : nos Français l'éprouvèrent à la révolte de Siam. J'ai ouï raconter qu'un Malais ayant reçu un coup de pique dans le ventre, et n'étant plus en liberté de s'approcher de son ennemi, qui demeurait toujours éloigné de lui de la longueur de la pique, il se l'enfonça lui-même tout entière dans le corps à force de bras, et à travers toute sa longueur alla tuer celui qui l'avait blessé. Ce fait est bien inventé, s'il n'est pas entièrement véritable.

Nous débarquâmes nos malades à Polaure, sans pénétrer dans l'île et en restant vers le rivage; on nous y apporta toutes sortes de rafraîchissements, auxquels le gouverneur lui-même mettait le prix. Ce n'est point avec de l'argent que s'échange ici ce que l'on achète, ce métal étant regardé comme inutile à la vie; c'est avec du fer. Ils en font des instruments pour labourer la terre, pour bâtir leurs maisons, pour s'armer en guerre, et avec le fer ils se passent aisément de tout ce qui ne croît pas dans leur île. Une armée entière de ces Indiens étant venue un jour à bord du vaisseau, chacun dans leur canot, composé seulement de trois planches, pour nous apporter des vivres, on leur offrit d'abord en payement de petites curiosités d'Europe; ils ne daignèrent pas seulement les regarder. On leur présenta ensuite ce qu'on crut qui leur pouvait être plus d'usage, des chapeaux, des souliers, des vases de faïence. Ils se mirent à rire, comme pour montrer que nous étions de bonnes gens de croire qu'ils fussent sujets aux mêmes besoins que nous. Enfin, quelqu'un s'étant avisé de leur faire voir la tête d'un gros clou rompu, aussitôt ils apportèrent, à l'envi l'un de l'autre, de leurs marchandises pour avoir ce clou.

J'avoue que je désirai plusieurs fois dans cette île d'avoir le don des langues, pour pouvoir expliquer à ces pauvres Malais quelque chose de nos mystères. A juger d'eux par les bonnes inclinations que nous leur trouvâmes, il ne serait pas difficile de les convertir. Ils sont doux, familiers, de bonne amitié et de bonne foi. On ne sait parmi eux ce que c'est que le larcin; je les pratiquai plus que personne, parce que j'accompagnai les malades à terre. On ne peut dire combien les enfants de ces insulaires me faisaient d'amitiés; ils se mettaient quelquefois trois ou quatre autour de moi, m'embrassant comme si nous nous étions toujours connus, m'apportant de petits présents, et me conduisant partout où je voulais. J'eus même la permission du gouverneur de parcourir avec un de nos pères tout l'intérieur de l'île. Nous étions bien aises de voir s'il n'y avait point là quelques simples et quelques plantes médicinales, qui ne fussent point encore connues en Europe. Le frère du gouverneur voulut bien se donner la peine de nous conduire partout. Cette île n'est qu'un amas de cinq ou six montagnes; il y a peu de terres basses. Partout on voit des cocotiers plantés à peu près comme les vignes en Europe; les habitations sont dispersées de côté et d'autre. On dirait, à voir l'île sans villes ni villages, qu'elle est entièrement déserte; néanmoins tout y fourmille de monde, et dans ce monde on ne voit ni filles ni femmes; elles sont là, comme dans le reste de l'Asie, presque toujours renfermées.

On ne resta à Polaure que les huit jours qui furent nécessaires pour guérir nos malades; après quoi nous en appareillâmes par un très-bon vent, qui nous éleva en peu de temps à la hauteur du *Paracel*, cet effroyable rocher, de plus de cent lieues, qui longe la Cochinchine, décrié par les naufrages qu'on y fait de tout temps. Nous nous en tînmes éloignés le plus possible et nous le doublâmes sans aucun fâcheux accident.

Tempête dans le golfe de la Cochinchine·

Il n'y avait pas encore cinq mois que nous étions partis de France ; nous touchions presque déjà aux terres de la Chine ; il ne restait plus qu'une promenade pour toucher à Canton ; chacun s'applaudissait d'une aussi heureuse navigation, et nos pilotes disaient que jamais vaisseau européen n'était venu si vite de la Chine. Mais, tandis que chacun calculait le jour auquel nous devions arriver au port, Dieu se préparait à exercer notre constance, et il devait nous en coûter cent fois plus pour entrer à la Chine qu'il ne nous en avait coûté pour en approcher aussi près.

Nous étions par le travers du *golfe de la Cochinchine*, lorsqu'un de ces terribles vents qui infestent les mers de la Chine et du Japon vint fondre sur nous. Son coup d'essai fut d'abattre notre mât de beaupré, et ensuite celui de misaine, qui, tombant avec un fracas épouvantable dans la mer, emportèrent tous les matelots qui étaient dessus. C'était le matin ; je tâchais alors de réparer par un peu de sommeil le temps de la nuit que j'avais employé à assister à la mort de notre premier pilote anglais. La secousse du vaisseau m'éveilla ; j'accourus où j'entendis crier. Quel spectacle ! Un effroyable abatis de mâts et de vergues, qui flottaient pêle-mêle, et que les vagues poussaient avec impétuosité sur le flanc du vaisseau ; des cordages qui les y retenaient encore, et qu'on se hâtait de rompre à grands coups

de hache ; des matelots blessés, qui criaient miséricorde , et qui demandait qu'on leur tendît quelque
chose pour s'aider à se débarrasser des cordages et
des voiles où ils étaient enveloppés ; tout l'avant du
vaisseau nu de ses ancres et de ses agrés ! Je crus
d'abord que la proue était fracassée , et que nous
allions couler à fond; mais non. Nous retirâmes neuf
ou dix matelots de la mer à demi morts; deux furent
noyés. On coupa vite les amares des mâts rompus, et
l'on ne songea plus qu'à raffermir le grand mât, qui
avait perdu ses meilleurs appuis par la chute des
deux autres.

Tandis qu'une partie de l'équipage travaillait à
cette manœuvre, nous autres missionnaires étions occupés à raffermir le courage de ceux que la crainte
d'une mort présente avait abattus ; on entendait des
confessions, on implorait le secours du ciel, on ex-
hortait tout le monde à recevoir de la main de Dieu
la vie ou la mort, comme il le jugerait à propos. Il
me parut qu'en qualité d'aumônier, je devais me
donner encore plus de mouvement que les autres.
Je courais partout , avertissant les matelots qui
étaient dans le travail de faire du fond du cœur des
actes de contrition. Il suffisait de les avertir ; la vue
du danger supplée aux mouvements pathétiques. Cependant le vent, qui n'avait agi que par surprise,
commença enfin à nous assaillir à force ouverte et à
mugir de toute sa fureur dans le peu de voiles qui
nous restaient. Le mât du grand hunier ne put tenir
contre sa violence ; il se cassa par le milieu et tomba

sur la grande voile. On craignit qu'en s'agitant et frappant dessus à chaque roulis, il ne la déchirât. Les plus hardis des matelots montèrent à la hune pour couper les cordages qui le tenaient suspendu ; il en coûta la vie à un d'eux sans qu'ou pût conserver la grande voile ; elle fut mise en pièces aussi bien que celle de l'artimon, de sorte que nous n'eûmes plus aucune voile pour gouverner le vaisseau dans la tempête, mais seulement des lambeaux de toile et des filasses quipendaient aux vergues, qui claquaient avec un bruit épouvantable, comme si le corps du vaisseau se fût fracassé de toutes parts. Le plus grand danger que l'on courut fut quand le grand mât tomba ; car il tomba à son tour comme les autres, et cent autres plus forts seraient tombés, tant la tempête était violente. Autour du grand mât, il y a quatre pompes qui descendent jusqu'au fond du vaisseau. Quand le grand mât tombe sur quelqu'une, elle crève le vaisseau par en bas, et il s'y fait ordinairement une voie d'eau à laquelle il n'est pas possible de remédier. Heureusement pour nous, le nôtre tomba comme si l'on eût dirigé sa chute ; mais la dunette ou la chambre des pilotes fut emportée par le vent un moment après ; c'était à chaque instant un nouveau malheur.

Pendant cette épouvantable tempête, nous avions fait plusieurs *vœux :* l'un, pour notre arrivée à Canton, d'une messe votive à saint François-Xavier, où tous ceux qui étaient dans le vaisseau feraient leurs dévotions ; l'autre, pour notre retour en France, d'un tableau à la Vierge représentant l'image de notre démâtement, et qui éternisât notre reconnaissance.

Le calme étant revenu, on remâte le vaisseau avec des huniers de rechange; cette nouvelle mâture était pitoyable; nous allions pourtant, et nous découvrîmes *Sancian*, où nous eussions bien voulu aborder pour accomplir notre vœu à saint François-Xavier sur son tombeau même; mais le vent était bon, et il fallait se hâter d'arriver à Canton avant le changement de mousson.

Seconde et troisième tempête.

Nous avançâmes jusqu'aux îles des Larrons, à l'ouverture de la passe de Macao; avec quatre heures de vent nous étions rendus au port. Mais un calme soudain nous arrêta, et sur le soir on aperçut tous les sinistres présages d'un nouvel *ouragan*, qui éclata bientôt et contre lequel nous eûmes à lutter pendant plusieurs jours. Après quoi l'on fit vent arrière vers *Sancian*, où un pilote chinois nous fit mouiller à la vue du tombeau de saint François-Xavier. On le salua en arrivant de cinq coups de canon; on chanta le *Te Deum* avec les litanies du saint apôtre. Le père de Fontaney, revêtu de ses habits chinois d'envoyé de l'empereur, lui fit le *ko-teou*, c'est-à-dire les génuflexions et les prosternations qu'on fait à la Chine, quand on veut honorer extraordinairement quelqu'un; cela en présence de plusieurs Chinois de San-

cian, qui paraissaient tous extasiés, et qui s'applau-
dissaient d'avoir chez eux le tombeau d'un homme
qui fût en si grande vénération parmi les Européens.

Le nouveau danger que nous venions de courir, au
sentiment de nos officiers, avait été plus grand que
celui du jour de notre démâtement. M. de la Rigaudière se détermina à ne plus hasarder le vaisseau sur
une mer si orageuse avec une mâture aussi mal assor-
tie. On tint conseil, et il fut résolu que le père de
Fontaney irait par terre à Canton demander, pour
le vaisseau, du secours aux mandarins.

Sur la fin du mois d'août, nous aperçûmes un matin trois galères chargées de bannières, de pavillons,
d'étendards, de lances, de piques, de tridents, et surtout de grosses lanternes, autour desquelles on lisait
en caractères chinois les titres de l'envoyé de l'empereur. Du milieu d'une foule de rameurs et de soldats
chinois se faisait entendre une musique composée
d'un timbre de cuivre et d'un cornet à bouquin, qui
servaient comme de basse et d'accompagnement à un
fifre et à deux flûtes du pays. C'était le père de *Fontaney* avec toute sa suite de *tagin*, c'est-à-dire d'envoyé de l'empereur. Ce qui nous réjouit davantage,
c'est qu'on nous apporta de nouveaux mâts et des
vergues, qui, quoique faibles, pouvaient néanmoins,
en attendant que la grande mâture fût prête, suffire
pour faire les cinquante lieues qui restaient de Sancian à Canton. Pendant qu'on les plaçait, le père de
Fontaney reçut la visite du mandarin de Coang-haï,
qui se fit avec toutes les cérémonies chinoises.

Dès le soir on leva l'ancre, les trois galères du tagin nous escortant plutôt par honneur que par nécessité; mais les courants, les mauvais temps, les
vents contraires, les orages même n'ayant pas permis
à *l'Amphitrite* de s'éloigner de plus d'une lieue de
Sancian, dans l'espace de dix jours, le père de Fontaney se détermina à se servir de ses galères pour
transporter les missionnaires à Canton. Il s'agissait
de voir qui demeurerait aumônier sur *l'Amphitrite*.
Comme j'étais celui des missionnaires qui avait le
moins besoin de repos, et que d'ailleurs j'étais en possession de cet emploi depuis notre départ d'Europe,
le père de Fontaney me laissa sur le vaisseau avec le
père Contancin. Nous dîmes donc adieu à nos chers
compagnons, qui en trois jours arrivèrent à Canton.

Comme la saison des vents d'est n'était pas encore
venue, on espérait que *l'Amphitrite* pourrait, en s'ai-
dant des marées, s'y traîner aussi; on appareillait
plusieurs fois le jour; quelquefois on avançait, souvent on reculait; de sorte qu'en trois semaines nous
ne pûmes venir que jusque auprès de *Nicouko*, à sept
ou huit lieues de Sancian. Mais là nous fûmes ac-
cueillis d'une *troisième tempête*, encore plus terrible
que les deux précédentes, et qui, au naufrage près,
nous fit tomber successivement dans tous les malheurs qu'on peut éprouver sur la mer.

Comme nous avions eu quelques présages de cette
nouvelle tempête, on voulut faire entrer le vaisseau
dans un assez bon port, qui est au nord de Nicouko.
Mais notre pilote chinois se mit à rire de ce que nous

avions peur, et nous promit pour le lendemain un vent qui nous mettrait dans le port de Macao. Cependant, la mer se trouvant trop grosse, on ne put jamais lever l'ancre; il fallut en couper le câble et l'abandonner. Il n'était plus temps de songer à se jeter dans le port de Nicouko, parce que le vent venait de là. On prit donc le parti de retourner à notre ancien asile de Sancian. En y allant, notre grande voile se déchira; bientôt après le mât de misaine se rompit, et la voile d'artimon s'enfonça ensuite. On en rechangeait à la hâte de toutes neuves; mais les vents des mers de la Chine ne sont pas comme les autres. Nous ne pûmes jamais tenir aucune voile pour conduire le vaisseau, et nous fûmes enfin obligés de nous laisser aller au gré des vents et à la miséricorde du Seigneur; chacun se crut perdu; on se disposa à la mort, et on criait partout miséricorde. Nous entendîmes plusieurs confessions, et, après nous être recommandés à Dieu, nous ne songeâmes plus qu'à courir de tous côtés pour préparer les autres à bien mourir.

Le reste du jour, et la nuit suivante, la guerre fut toujours horrible entre la mer et les vents. Le matin on arriva à la vue de trois terres, dont l'une était celle de la Chine, et les autres celles de deux îles désertes et escarpées. Il s'agissait de voir où l'on irait échouer. Par un coup du ciel le vent se ralentit. On prit ce temps favorable, et avec la seule civadière attachée au tronc qui restait du mât de misaine, et la voile d'artimon, on cingla par le milieu du canal qui est entre les deux îles, toujours la sonde à la main, jus-

qu'à ce qu'on trouvât du fond et une mer tranquille
et sous le vent de la dernière île. Ce fut là que nous
mouillâmes d'abord avec une assez petite ancre. Le
lendemain ou appareilla encore pour se mettre plus
au large, parce qu'on s'aperçut que dans les basses
marées peu s'en fallait que le gouvernail du vaisseau
n'atteignît et ne se brisât en frappant sur le fond.

Nous ne savions où nous étions, et nous n'avions
ni chaloupe ni canot pour aller à la découverte. On
tira qnelques coups de canon pour avertir les Chinois
de notre embarras et du besoin que nous avions de
leurs secours. Mais ce ne fut qu'au bout de deux jours
que des bateaux chinois parurent. C'était le mandarin d'armes, qui, ayant ouï nos coups de canon, envoyait reconnaître qui nous étions. Nous apprîmes
que nous étions à la rade de *Tien-Paï*; que l'île où
nous avions mouillé s'appelait Fanki-Chan, c'est-à-
dire *l'île des Poules*, parce que les Chinois, en passant
près de là dans leurs voyages de mer, avaient coutume de laisser quelques poules dans l'île, en l'hon
neur d'une idole qu'ils révèrent, pour avoir un vent
favorable. Nous sûmes que le mandarin qui envoyait
à notre secours s'appelait *Li-Tousse*.

Au nom de Li-Tousse, nous nous récriâmes, et nous
bénîmes la Providence de ce qu'au fort de nos plus
grands malheurs elle nous faisait tomber entre les
mains du meilleur ami que les Français eussent à la
Chine. Ce seigneur, étant mandarin d'armes à Macao,
leur avait déjà donné mille marques de bienveillance,
et leur avait rendu tous les services qui dépendaient

de lui; de sorte que MM. de la compagnie de la Chine, qui en avaient été informés en France, avaient mis entre les mains de M. de la Rigaudière un beau sabre pour lui en faire présent. Nos compagnons de voyage, MM. Basset et Besnard, missionnaires des missions étrangères qui savaient le chinois, furent députés pour lui aller demander un bon pilote, qui connût la côte; des bateaux qui remplaçassent notre chaloupe; des provisions de bouche pour nous ravitailler, car notre biscuit avait été gâté par l'eau de la mer; de la chaux pour raccommoder le four qui avait été abattu par les grands roulis de notre vaisseau; enfin, des messagers qui allassent porter de nos nouvelles à MM. les directeurs du commerce de Canton, et au père de Fontaney, que nous savions devoir être fort en peine de nous.

On ne peut marquer plus de zèle que le mandarin Li-Tousse en fit paraître pour nous donner tout ce que nous lui demandâmes, et pour rendre ainsi quelque service à notre nation; il envoya trois galères nous saluer, et nous faire offre de sa maison, si nous voulions aller à terre. Mais il se donna de bien plus grands mouvements encore, quand il sut que le vaisseau était chargé de magnifiques *présents destinés à l'empereur.* Il y allait de sa tête, ou du moins de sa fortune, s'ils fussent venus à périr dans l'étendue de sa juridiction. Car à la Chine, plus encore qu'ailleurs on juge de la bonne conduite des gens par le succès, et on rend souvent les mandarins responsables des fâcheux accidents qui arrivent, quoi qu'il n'y ait pas de leur faute. Il dépêcha donc au plus tôt des exprès aux mandarins supérieurs, tant pour recevoir leurs ordres que pour se décharger sur eux d'une partie du soin et de l'inquiétude où il se trouvait à notre occasion. Pendant qu'il prenait avec eux ses mesures, il nous arriva encore, dans la rade même de Tien-Paï, une disgrâce qui lui donna, aussi bien qu'à nous, beaucoup d'inquiétude.

Quatrième tempête. — Révolte de l'équipage.

Comme l'île de *Fanki-Chan* nous avait servi d'abri contre les restes de la dernière tempête, on crut que nous pourrions hiverner là. On s'y était affourché avec trois méchantes petites ancres qui nous restaient, et on avait désagréé le vaisseau, comme s'il eût été dans un bon port. On songeait déjà à bâtir dans l'île un hôpital pour les malades, lorsque Dieu tira encore des trésors de sa colère un de ces furieux ouragans dont il nous avait déjà plus d'une fois châtiés. Pour le coup, il faut l'avouer, nous fûmes un peu abattus et humiliés sous la main puissante de Dieu. Jusqu'alors j'avais regardé d'un œil assez tranquille tous les orages ; le bon effet qu'ils produisaient dans notre équipage, en réveillant le souvenir des sentiments salutaires que nous avions tâché de lui inspirer durant la traversée, me consolait de toutes nos fatigues ; je l'animais à souffrir patiemment, dans l'espérance que Dieu y mettrait bientôt fin. Mais, voyant ces orages redoubler ainsi coup sur coup, sans nous donner seulement huit jours de relâche, je n'osais plus exciter l'équipage qu'à la résignation à ses saintes volontés.

Nous fûmes en danger d'échouer pendant plus de viugt-quatre heures ; jamais journée ne m'a paru si longue. Ce qui m'alarmait n'était pas mon danger particulier ; grâce à Dieu, les épreuves passées m'avaient préparé à tout ; et je crois que j'eusse consenti volontiers à faire naufrage, si j'avais pu, comme Jonas, délivrer à mes risques tous ceux qui étaient sur le vaisseau. Ma douleur et ma crainte étaient que Dieu ne sauvât pas tant de pauvres gens qui avaient paru l'invoquer avec beaucoup de foi, et qu'on vît périr au port un navire chargé de toutes les ressources et de tous les fonds nécessaires pour l'établissement de notre mission. Je me résignais néanmoins à tout ce qu'ordonnerait sa Providence, qui, parmi tant d'épreuves, ne nous avait point abandonnés.

Tandis que nous luttions de la sorte contre la mer et les vents, le pauvre mandarin Li-Tousse était sur le rivage, plus mort que vif, de la crainte qu'il avait que nous n'eussions été ensevelis sous les eaux avec les présents de l'empereur. Dès que le temps se fut un peu éclairci, il ramassa tout ce qu'il put trouver de barques, de galères, de *sommes*, de bateaux-pêcheurs dans le port de Tien-Païe, et nous les envoya. Nous fûmes surpris de voir venir si promptement à notre secours cette petite armée navale.

Dans le temps qu'on tirait les ballots des *soutes* du

magasin, il se fit une révolte parmi l'équipage qui suspendit tout. Les matelots, ayant pris l'alarme pour eux-mêmes dans la dernière tempête, trouvaient fort mauvais qu'on songeât plutôt à mettre en sûreté les marchandises que leur vie. Ils craignaient que quand le vaisseau serait déchargé, on ne fît plus de difficultés de les hasarder encore en haute mer, et de là concluaient à ne rien laisser décharger. Cette petite sédition nous déconcerta un peu, et elle eût eu de fâcheuses suites, si M. de la Rigaudière ne l'eût promptement apaisée par sa prudence et par son autorité. Cependant les ballots étaient sur le pont prêts à être déchargés sur les bateaux chinois qui étaient autour du vaisseau. Quand on eut remis le calme parmi l'équipage, nouveau contre-temps; il arriva une grosse pluie qui obligea à tout remettre dans les soutes, parce que c'eût été perdre les marchandises que de les porter à terre, n'ayant pas encore eu le temps d'y faire bâtir un magasin.

Il semblait que Dieu prît plaisir à éprouver notre patience, en traversant successivement tous nos desseins. On alla visiter les gros bateaux chinois, pour voir du moins s'ils pourraient transporter quelque chose à Tien-Païo. Les écoutilles ou les chambres se trouvèrent trop étroites pour des ballots de marchandises d'Europe, et il fallut renvoyer ces gros bateaux à vide. On retint les petits bateaux pêcheurs qui pouvaient porter le lendemain les ballots l'un après l'autre à Fanki-Chan, où, dès ce soir-là même, on alla bâtir une case pour les mettre à couvert;

mais, pendant la nuit, les pêcheurs, à qui on avait donné des provisions en abondance, se souvenant que leurs familles, qui ne vivent que de la pêche, pourraient bien mourir de faim en les attendant, re-tournèrent sans rien dire au lieu d'où ils étaient par-tis, et ne reparurent plus. Ainsi tout ce qui était dans le vaisseau y demeura malgré nous, et nous fû-mes obligés de nous préparer à essuyer encore en cet état la *cinquième tempête* dont on nous avait mena-cés. Nous en eûmes en effet toute la peur, et elle com-mença avec la même impétuosité que les autres, mais elle ne dura pas, grâce au ciel, et ce fut là que fini-rent tous nos maux.

Nous ne fûmes plus en peine que de recevoir des nouvelles du père de Fontaney. Nous lui avions en-voyé à Canton et à Coang-haï plusieurs exprès : MM. Basset et Besnard, et M. Oury, capitaine en se-cond, y étaient même allés pour l'informer de nos malheurs et de nos besoins ; lui, de son côté, courait pendant ce temps-là d'île en île, avec des périls ex-trèmes et de grandes inquiétudes, ne trouvant nulle part ce qu'il cherchait, pas même les débris de la chaloupe ni du canot que nous avions abandonnés vers Sancian. Cependant le *houpou* (c'est le mandarin des douanes), arrivé de Canton à Tien-Paï pour ses intérêts, nous dit que le père Pelisson, supérieur de notre maison de Canton, en était parti par mer en même temps que lui, pour venir enlever, au nom du père de Fontaney, les présents de l'empereur ; qu'en attendant on pouvait envoyer quelqu'un avec qui il pût traiter des droits pour les marchandises. Nous admirâmes que ceux qui nous venaient inquiéter eussent été plus diligents que ceux qui nous cherchaient pour nous faire du bien.

Enfin un dimanche au soir on vit deux galères qui paraissaient prendre la route de Tien-Paï; un moment après, on s'aperçut qu'elles avaient le cap sur nous; on regarde avec les lunettes d'approche, on voit un pavillon qu'on croit blanc; après, il devient jaune; enfin on y voit de gros caractères chinois; c'est le *tagin*. Une barque envoyée à la découverte nous crie que ce sont MM. les directeurs du commerce de Canton, avec les pères de Fontaney et Pelisson. Aussitôt les soldats se mettent sous les armes; on prépare une décharge de canon. La joie fut grande à l'arrivée de ces messieurs; nous nous embrassâmes avec plaisir. Ils nous avaient apporté des mâts et des rafraîchissements.

Débarquements des présents envoyés par le roi à l'empereur du Céleste-Empire. — Honneur que leur rendent les Chinois. — Arrivée à Canton.

Les mandarins de Tien-Paï vinrent là rendre leurs visites au père de Fontaney. On leur fit toutes sortes d'honneurs et de bons traitements; surtout on n'épargna pas la poudre. Le vaisseau, n'ayant pu à cause des vents entrer dans le port, retourna à l'ancrage de Fan-ki-chan, où le père de Fontaney fit charger les *présents de l'empereur*, et les fit transporter à Tien-Paï, sur une galère qu'il avait amenée exprès de Canton. Il était convenu avec les mandarins qu'il les conduirait par terre; le *tsong-tou* avait même demandé cela en grâce et s'était offert à en faire tous les frais. On donna ordre partout de raccommoder les mauvais chemins, et de préparer *cong-koen* (ce sont des maisons où les mandarins logent dans les voyages). Le houpou., sachant que le père de Fontaney était à Tien-Paï , en délogea au plus vite, et envoya seulement ses gens à bord de *l'Amphitrite* pour en faire la visite; mais on ne daigna pas seulement les écouter. On se tenait fier des présents de l'empereur que ce vaisseau avait apportés, et l'on ne doutait pas qu'il ne dût en reconnaissance être exempt de tous les droits de la douane et de la vexation de cet avide houpou.

Tandis que les mandarins faisaient couvrir à Tien-Paï avec des cordes de paille les ballots où étaient les présents de l'empereur, et les mettaient en état d'être transportés sans risque par des crocheteurs sur des perches de bambous, le père de Fontaney revint à bord me prendre et faire ses adieux. Le père Contancin fut alors déclaré aumônier du vaisseau; nous disputâmes quelque temps à qui demeurerait; mais comme il est d'une mortification à ne céder à personne les occasions de souffrir, le père de Fontaney termina le différend en sa faveur. Ce fut le 12 novembre 1701 que je mis le pied à la Chine pour la première fois, après huit mois de navigation telle que je viens de marquer. Je vous laisse à penser, mon très-cher père, avec quel transport de joie je pris possession d'une terre après laquelle je soupirait depuis plus de huit ans. Je ne regrettai point d'avoir tant souffert en chemin, et je priai le Seigneur de coutinuer à me traiter, comme il a fait de tout temps ses apôtres et les prédicateurs de son Éxangile, qui n'ont nulle part planté plus inébranlablement la croix que dans les endroits où ils ont trouvé plus de contradictions et de souffrances.

Dès le jour même que j'arrivai à Tien-paï, il fallut devenir Chinois dans les formes. J'en pris *l'habit* et le *nom;* car les Chinois ne sauraient seulement prenoncer ceux que nous apportons d'Europe. Tous les missionnaires et les marchands mêmes, en arrivant, sont obligés d'adopter le nom de quelque famille du pays. Le mien est *Tan-chan-kien.* Pour ce qui de l'usage et des manières de cet empire, il faut se refondre depuis les pieds jusqu'à la tête, pour faire d'un Européen un parfait Chinois. Nous fûmes reçus dans un cong-koen par les mandarins de Tien-paï, et régalés à la chinoise dès le même soir. C'est une profusion de viandes et de ragoûts; je veux croire qu'ils sont excellents; mais il me parut que nos Français ne s'en accommodaient guère. Il y avait de quoi contenter ceux qui ne cherchent que la multitude et la diversité des mets; car on nous en servit de plus de quarante façons différentes. Le lendemain M. de la Rigaudière, qui nous était venu conduire jusque-là, avait envie de régaler à son tour les mandarins à l'européenne; mais comme tous les ballots étaient prêts pour le départ, aussi bien que les porteurs et

les soldats d'escorte, on ne voulut pas perdre de temps
ni s'arrêter.

Deux mandarins du Tsong-tou vinrent donc le
lendemain ordonner la marche, et présider à la conduite des *ballots de l'empereur*. Chacun des ballots
portait un petit étendard jaune avec une inscription
chinoise, pour avertir le peuple qu'on eût du respect
quand ils passeraient. Les porteurs étaient obligés de
donner leur nom par écrit, et quelqu'un qui les cau-
tionnât; un soldat marchait toujours à côté; le capitaine répondait de lui. Outre cela, les mandarins avec
leurs gens faisaient un petit escadron volant, et pre-
naient garde qu'on ne s'écartât pas des grands chemins. Rien n'est plus sacré parmi les Chinois que ce
qui appartient à l'empereur; ne fût-ce qu'une baga-
telle, on la traite avec révérence, on la conserve avec
soin. J'admirai l'ordre qui régnait dans notre marche; nous étions plus de quatre cents hommes, en
comptant le tagin et les gens qui l'accompagnent
ordinairement. Ces gens sont des espèces de timba-
liers, de trompettes, de joueurs de cornet à bouquin,
des crieurs, des porteurs de parasols et d'étendards,
des valets de pied, des officiers même de justice destinés à châtier les coupables, etc. Le tagin était porté
dans un palanquin; nous le précédions, et nous lui
tenions lieu de *laoyés*, lettrés du premier ordre qui
accompagnent les mandarins dans les cérémonies.
C'est ainsi que nous sortîmes de Tien-paï et que nous
fîmes le voyage de Canton.

En arrivant à *Yan-chu-yen*, petite ville fort jolie,

nous crûmes que tous les habitants étaient venus au-devant de nous, tant il y en avait qui bordaient le chemin. Ils nous dévoraient des yeux, ravis apparemment de voir pour la première fois de leur vie un tagin européen, et des barbes plus longues qu'elles ne sont communément à la Chine. Ce que j'admirais, c'est qu'il n'y eût aucun tumulte et qu'il régnât un profond silence au milieu de cette troupe infinie de peuple assemblé, sans pourtant qu'on vît nul officier de police qui parût prendre soin de les tenir dans le devoir; ils ont cette retenue et cette modestie de l'éducation chinoise, et, comme j'ai dit, du respect profond que leur inspire la vue de tout ce qui appartient à l'empereur. Le mandarin de Yan-chu-yen, qui nous avait envoyé la veille à plus de six lieues de sa ville un souper tout apprêté, nous accabla à notre arrivée de civilités et de présents. Nous fûmes logés dans un magnifique cong-koen. Il fallait passer trois cours avant d'arriver à l'appartement du tagin et des laoyés; l'exposition de ces sortes de maisons est toujours presque au midi; car il faut, suivant les lois de l'empire, qu'elle en décline un peu. Il n'y a que le palais de l'empereur qui ait droit d'être tourné directement au midi vrai.

De Yan-chu-yen nous vînmes à Ho-tcheou; nous rencontrâmes en chemin une chose assez particulière. Ce sont des *roches* d'une hauteur extraordinaire, et de la figure d'une grosse tour carrée, qu'on voit plantées au milieu des plus vastes plaines. On ne sait comment elles se trouvent là, si ce n'est que ce furent autrefois des montagnes, et que les eaux du ciel, ayant peu à peu fait ébouler la terre qui environnait ces masses de pierre, les aient ainsi a la longue escarpées de toutes parts. Ce qui fortifie la conjecture, c'est que nous en vîmes quelques-unes qui, vers le bas, sont encore environnées de terre jusqu'à une certaine hauteur.

Il y a dans cette province-là de très-*beaux marbres,* dont on se sert pour faire des *ponts* et remplir les trous qui rendraient les chemins impraticables. Un *bonze,* qui n'avait pas de quoi vivre, s'étant avisé depuis quelque temps de réparer de la sorte un de ces chemins, où une petite rivière faisait un très-vilain marais, le zèle qu'il a témoigné en cela pour le bien public, et pour la commodité des voyageurs, lui a attiré tant d'aumônes, qu'il se voit en état aujourd'hui de bâtir un beau pont, et auprès du pont une maison de bonzes. A voir de loin les grosses pierres de marbre qu'il a amassées dans cette vallée pour son dessein, je crus qu'on voulait bâtir un palais tout entier, tant il y en avait. Le marbre est d'une très-belle espèce ; on le voit dans les endroits du chemin que les pieds des passants ont déjà polis.

A *Ho-icheou,* la petite armée de terre qui nous accompagnait se changea en une armée navale. On mit tous les ballots sur neuf barques. On nous en donna quatre autres ; l'une où étaient les provisions et où ou faisait la cuisine, l'autre pour la musique et les joueurs d'instruments, la troisième qui portait les soldats d'escorte, et la quatrième pour nous. Le long de la rivière, de lieue en lieue , il y avait des corps de garde; les soldats se rangeaient en haie du plus loin qu'ils nous voyaient, et nous saluaient à notre passage de la décharge de leur mousqueterie, nos flûtes donnant le signal. La manière de tirer en ces occasions est différente de la nôtre. Au lieu de porter le mousquet à la main et de tirer en l'air, ou vis-à-vis d'eux comme nous, ils le portent sous le bras, la crosse en devant, et la décharge se fait comme s'ils voulaient frapper quelque but derrière eux. Quand on voyage sur l'eau dans des barques, on descend à terre, et l'on couche au premier endroit où la nuit surprend ; les soldats se partagent en plusieurs troupes, tiennent toute la nuit des feux allumés, et font un tintamarre qui écarte les voleurs, mais qui fait bien de la peine à ceux auxquels l'appréhension des voleurs n'ôte pas l'envie de dormir.

Le 20 novembre, nous arrivâmes à *Chao-kin*. C'est une grande ville où demeure le tsong-tou, qui est bon ami du père de Fontaney. Le port est fort spacieux, au confluent de trois rivières ou grands canaux, dont l'un va à Canton. Ce canal est si resserré entre des montagnes, que quand il fait des pluies il ne manque jamais d'y avoir un déluge à Chao-kin. Comme le tsong-tou faisait tous les frais de notre voyage, les mandarins qui sont sous lui ne manquèrent pas, dans son absence, de signaler leur zèle à nous bien recevoir. Ils nous firent monter sur une grande barque de mandarin ; ces voitures sont bien commodes pour voyager ; on y est mieux logé que nous ne sommes ordinairement dans nos maisons.

De Chao-kin jusqu'à Canton, on ne voit des deux côtés de la rivière que de gros villages très-populeux; ils sont si près, qu'on dirait qu'ils n'en font qu'un seul. C'est là que l'on commence à prendre quelque idée des beautés de la Chine. Il y a sur la rivière plus de cinq mille barques qui sont aussi longues que nos plus grands vaisseaux, et chaque barque loge une famille entière, avec ses enfants et les enfants de ses enfants. Je ne compte point une infinité de bateaux pêcheurs et de canots qui servent à passer d'un bord à l'autre ; car sur ces grandes rivières il n'y a point de ponts. Dans les campagnes et sur de petites éminences près des villages, on voit une infinité de tombeaux : ce sont des élévations de terre, terminées en pointe par une grosse urne. Je ne crois pas que beaucoup de gens se fassent ainsi enterrer; il faudrait bientôt autant d'espace pour loger les morts que les vivants.

Enfin, le 25 novembre, nous arrivâmes à *Canton*. Ce n'est pas une ville, c'est un monde, et un monde où l'on voit toutes sortes de nations. La situation en est admirable; elle est arrosée d'un grand fleuve qui, par ses canaux, aboutit à différentes provinces. On dit qu'elle est plus grande que Paris. Les maisons n'y sont pas magnifiques au dehors : le plus superbe édifice qu'il y ait, c'est l'église que le père Turcotti, jésuite, y a fait bâtir depuis deux ou trois ans.

Je ne sais point encore quel sera le lieu de ma mission. Nous partons dans trois jours avec le père de

Fontaney, qui nous placera en différents endroits; les uns s'arrêteront sur la route dans les villes où nous avons déjà des établissements; les autres iront à Nankin, pour y établir un séminaire. On enverra là d'abord les missionnaires qui viendront d'Europe, afin d'y étudier et de se rendre habiles dans la langue et dans l'intelligence des livres chinois. Nons sommes entrés neuf missionnaires à la Chine avec le père de Fontaney. Notre troupe s'est accrue par l'arrivée des pères Hervieu, Noëlas, Melon et Chomel, qui sont venus par la voie des Indes. Le père de la Fontaine devait faire le cinquième; je lui avais donné rendez-vous à Canton; mais, ayant trouvé dans le Maduré une mission où l'on a le bonheur de verser son sang pour Jésus-Christ, comme a fait depuis quelques années le père Jean de Brito, il a préféré cette mission à celle de la Chine, où les affaires de la religion paraissent être en trop bon état pour espérer d'y souffrir sitôt le martyre. Quand je serai un peu plus instruit de la carte du pays, je vous en manderai des nouvelles. C'est bien assez que j'aie pu vous rendre compte de mon voyage. Je me recommande toujours à vos prières, et suis avec toute la reconnaissance et le respect que je vous dois, etc.

DEUXIÈME LETTRE.

Chinois de l'équipage. — Idole. — Arrivée à Nimpo.

Nous arrivâmes à Siam, en septembre 1685. Nous en partîmes en juillet 1686, mais pour y rentrer en septembre, la mer nous ayant été contraire. Nous avons quitté Siam pour la seconde fois, le 19 juin 1687, sur un navire chinois qui allait à Nimpo. Outre que nos mesures étaient bien prises, Dieu donna visiblement sa bénédiction à notre voyage.

Les *Chinois* qui nous conduisaient nous parurent fort superstitieux. Ils avaient une petite *idole* à la poupe de leur vaisseau, devant laquelle ils entretenaient jour et nuit une lampe allumée; ils lui offraient assez souvent, avant qu'ils se missent à table, les viandes préparées pour le repas. Mais comme ils s'apercevaient que nous n'y touchions point toutes les fois qu'on les avait ainsi offertes, ils en firent mettre à part, et on ne présentait point à l'idole ce qui était destiné pour nous. Le *culte* qu'ils rendaient à cette fausse divinité ne se bornait pas là; sitôt que la terre paraissait, celui qui avait soin de l'idole prenait des papiers peints et coupés en on

des, et les jetait dans la mer, après avoir fait une pro-
fonde inclination de ce côté-là. Quand le calme nous
prenait, tout l'équipage poussait de temps en temps
des cris comme pour rappeler le vent. Dans le gros
temps il jetaient au feu des plumes, pour conjurer la
tempéte et pour chasser le démon, ce qui répandait par
tout le vaisseau une puanteur insupportable. Mais leur
zèle, ou plutôt leur superstition, redoubla à la vue
d'une montagne qu'on découvre en passant le canal
de la Cochinchine; car, outre les inclinations et les
génuflexions ordinaires, et tous les papiers à demi
brûlés qu'ils jetaient dans la mer, les matelots se
mirent à faire un petit vaisseau de quatre pieds; il
avait ses mâts, ses cordages, ses voiles et ses banderoles, sa boussole, son gouvernail, sa chaloupe, son
canon, ses vivres, ses marchandises, et même son
livre de compte. On avait disposé à la poupe, à la
proue et sur les cordages, autant de petites figures
de papier peint qu'il y avait d'hommes sur le vaisseau.
On mit la petite machine sur un brancard; on la
leva avec beaucoup de cérémonies; on la promena
par le vaisseau au bruit du tambour et d'un bassin
d'airain. Un matelot habillé en bonze conduisait la
marche et s'escrimait avec un long bâton, en jetant
quelquefois de grands cris. Enfin on le fit descendre
doucement dans la mer, et on le suivit des yeux
aussi loin que l'on put. Le bonze monta sur la dunette, pour continuer ses clameurs, et apparemment
pour lui souhaiter un heureux voyage.

Nous eûmes un calme de quatre jours à la hauteur d'Émouy, ville chinoise. L'horizon couvert de nuages fort noirs, et les vents de nord et de nord-est, qui soufflaient de temps en temps, étaient des présages d'une grande tempête. Les Chinois alarmés invoquèrent leur idole avec plus de ferveur que jamais, et, dans la crainte d'être surpris de ces furieux siphons, qui désolent ces mers, ils tâchèrent plusieurs fois de gagner la terre; mais ce fut en vain. Ils gardaient tous un morne silence, et ils trouvaient mauvais que nous parlassions entre nous autres missionnaires. Notre interprète nous en avertit en secret, et nous marqua que notre tranquillité leur paraissait d'un aussi mauvais augure que le calme même. Nous fîmes un vœu à saint François-Xavier, patron de ces mers, pour obtenir un vent favorable Dieu nous le donna dès le lendemain, et nous passâmes heureusement entre la terre ferme de la province de Fo-kien et l'île Formose, dont nous vîmes quelques montagnes à l'horizon.

Nous mouillâmes devant *Nimpo*, le 25 juillet, deux ans et demi depuis notre départ de France. Je ne vous dirai point la joie dont nous fûmes pénétrés, lorsque nous nous vîmes heureusement arrivés au terme de nos plus ardents désirs. Il faut être appelé aux missions, et y venir dans la seule vue de servir Dieu et de travailler au salut des âmes, pour se former une juste idée de ce qu'on éprouve dans ce moment. La multitude des âmes que nous avions devant les yeux, le choix que Dieu avait fait de nous pour leur porter sa connaissance, et les occasions de souffrir que nous espérions trouver occupaient entièrement nos esprits.

Nimpo est une ville du premier ordre de la province de Tche-kiam, et un très-bonport de mer vis-à-vis du Japon. On y va dans une seule marée par une fort belle rivière, bordée de salines des deux côtés, avec des villages et des campagnes cultivées, que de hautes montagnes terminent à l'horizon. L'embouchure de la rivière est défendue par une forteresse et par une petite ville du troisième ordre, nommée Tin-hay, environnée de tours et de bonnes murailles. Il y a là un bureau où l'on reconnaît tous les vaisseaux qui entrent. Les marchands chinois de Siam et de Batavia viennent tous les ans à Nimpo pour y chercher des soies ; car c'est dans cette province que se trouvent les plus belles de la Chine. Ceux de Fo-kien et des autres provinces voisines y abordent aussi continuellement.

Les mandarins, ayant su notre arrivée, voulurent nous voir en particulier, et nous reçurent avec civilité. Ils nous demandèrent ce que nous prétendions, et quel était le sujet de notre voyage. Nous répondîmes que la grande réputation de l'empereur par toute la terre, et la permission qu'il donnait aux étrangers de venir dans ses ports, nous avaient déterminés à entreprendre ce voyage; que notre dessein était de demeurer avec nos frères pour y servir le vrai Dieu; que nous avions appris, à notre grand regret, que plusieurs d'entre eux étaient déjà morts, et que la plupart des autres, accablés de vieillesse et d'infirmités, demandaient du secours.

J'ajoutai que le père Ferdinand *Verbiest* s'était donné la peine de m'écrire lui-même en Europe, pour m'inviter à venir à la Chine. Il nous parut que ces officiers avaient une considération particulière pour le père Verbiest ; que nos réponses leur faisaient plaisir ; et que s'ils eussent été les maîtres, ils nous auraient volontiers accordé la permission que nous leur demandions, de nous retirer en quelqu'une des églises de notre compagnie. Mais le vice-roi, qui haïssait notre religion, fut cause que nous ne pûmes profiter de leurs bonnes dispositions. Il les blâma d'avoir souffert que nous prissions une maison à Nimpo, quoique les chaleurs fussent alors si violentes qu'il eût été impossible de demeurer sur les vaisseaux. Il écrivit ensuite contre nous au tribunal des rites, priant qu'on défendît aux vaisseaux chinois, qui trafiquaient dans les royaumes voisins, d'amener jamais aucun Européen à la Chine. Peut-être espérait-il que, la réponse du tribunal des rites nous étant contraire, il pourrait confisquer à son profit le vaisseau qui nous avait amenés et se saisir de tout ce que nous avions apporté.

Cependant, sans perdre de temps, nous mandâmes notre arrivée au missionnaire de Ham-tcheou, le père Prosper *Intorcetta*, Sicilien de nation, qui avait eu le bonheur de souffrir pour Jésus-Christ la prison et l'exil dans la dernière persécution. Il nous envoya sur-le-champ un de ses catéchistes, qui était bachelier, avec deux de ses domestiques, et nous manda de quelle manière nous devions nous comporter avec les mandarins.

Sécheresse. — Sacrifice aux dragons des eaux.

Pendant que nous demeurâmes à Nimpo, nous eûmes plus d'une occasion de parler aux mandarins de la grandeur et de la puissance de Dieu. Il y avait trois ou quatre mois qu'il ne pleuvait point dans tout le pays, ce qui ruinait les moissons, et faisait craindre une famine générale. On avait ordonné des jeûnes dans la ville et des prières dans toutes les pagodes. Le gouverneur inquiet s'avisa de nous consulter sur les causes de cette *sécheresse*. Il nous demanda si nous en avions aussi quelquefois en Europe, et ce que nous faisions alors pour en être délivrés. Nous lui répondîmes que le Dieu que nous adorions étant tout puissant, nous avions recours à lui, et que nous allions dans nos églises implorer sa miséricorde. « Mais il y a plus d'un mois, répliqua-t-il, que nous faisons la même chose : nous allons à la porte du midi et à toutes les pagodes de la ville sans pouvoir rien obtenir. — Nous n'en sommes point surpris, seigneur, lui répondîmes-nous, et si vous nous permettez de vous dire librement nos pensées, nous vous en découvrirons la véritable cause. » Nous commençâmes alors à lui parler de Dieu, et à lui faire connaître qu'il avait créé le ciel et la terre, les hommes et tout ce qui était dans l'univers ; que tout dépendait de lui, les pluies et la sécheresse, la famine et l'abondance, les biens et les maux, avec lesquels il châtiait ou récompensait les hommes selon qu'il le jugeait à propos ; que, nous adressant à lui, comme nous faisions en Europe, nous priions celui qu'il fallait prier véritablement, parce qu'étant le souverain seigneur de toutes choses, il avait le pouvoir d'exaucer nos prières. « Mais il n'en est pas ainsi de vos dieux, lui dîmes-nous ; ils ont des yeux, et ne voient point ; ils ont des oreilles et n'entendent point, parce que ces fausses divinités ayant été autrefois des hommes mortels, ils n'ont pu s'exempter de la loi commune de mourir ni des suites ordinaires de la mort : ainsi, n'ayant plus ni sentiment ni pouvoir, il ne faut pas être surpris s'ils ne vous écoutent point. Le titre de divinité qu'ils tiennent de la libéralité des empereurs, ou de la superstition des peuples, n'ajoute rien à ce qu'ils étaient d'eux-mêmes, ni ne leur donne aucun pouvoir réel et véritable de disposer des pluies, ou de commander sur la terre aux autres hommes. »

Le gouverneur nous écouta paisiblement, et nous pria de demander à notre Dieu qu'il leur accordât de la *pluie*. « Nous le ferons volontiers, lui répondîmes-nous ; mais, tout le peuple ayant besoin de cette grâce, il n'est pas juste que nous la demandions seuls. — Eh bien, dit-il, j'irai demain chez vous pour adorer le Dieu du ciel, et pour lui présenter des parfums. » Nous nous préparions à la cérémonie, lorsque nous apprîmes que le gouverneur devait le lendemain, en sortant de notre maison, aller, avec tous les autres mandarins de la ville, à une montagne voisine, sacrifier au *dragon des eaux*. Nous jugeâmes qu'un culte partagé ne serait pas agréable à Dieu; ainsi nous envoyâmes notre interprète lui dire qu'on ne pouvait servir deux maîtres; et que s'il voulait nous faire l'honneur de venir adorer le vrai Dieu chez nous, il ne fallait point qu'il allât ailleurs. Le gouverneur répondit que, ne pouvant se dispenser de se trouver le lendemain au rendez-vous de la montagne, il ne viendrait pas chez nous. Il fit quelques jours après un peu de pluie; mais elle fut suivie d'un orage si violent et d'un vent si furieux, que les campagnes en furent désolées, et qu'un grand nombre de vaisseaux périrent sur la côte. C'est ainsi que Dieu punit quelquefois les pécheurs, permettant que les remèdes même qu'ils souhaitent le plus ardemment deviennent poor eux une seconde punition et un mal plus grand que tous les autres.

Le 2 novembre, nous apprîmes que l'empereur nous appelait à *Pékin*, par cet ordre plein de bonté : « Que tous viennent à ma cour. Ceux qui savent les mathématiques demeureront auprès de moi pour me servir; les autres iront dans les provinces où bon leur semblera. » Aussitôt qu'on nous eut remis l'ordre impérial, les principaux mandarins de Nimpo nous rendirent des visites de congratulation, sur l'honneur que nous faisait l'empereur. Nous partîmes incontinent, et nous prîmes notre route par la ville de *Ham-Tcheou*, capitale de la province, où nous eûmes la consolation de voir le père *Intorcetta*, que nous embrassâmes tendrement. Nos larmes, plus que nos paroles, lui marquèrent notre joie, et la vive reconnaissance dont nous étions pénétrés. Ce père, qui est mort depuis quelques années, âgé d'environ soixante ans, était tout blanc, quoique d'une santé forte et vigoureuse. J'apporte son portrait qu'on peignit après sa mort, et que, selon la coutume des Chinois, on porta dans la pompe funèbre, lorsqu'on conduisit son corps à la sépulture.

Les autres villes par où nous passâmes jusqu'à Pékin, nous reçurent avec honneur. Nous étions accompagnés d'un mandarin, qui avait soin de tout ce qui nous était nécessaire. Je sais qu'il y a des gens en France qui blâment et qui condamnent les *honneurs* que les missionnaires permettent qu'on leur rende dans les pays infidèles. Ce que je puis assurer, c'est que nous ne les cherchons pas, et que nous les évitons autant qu'il est possible. Mais on n'est pas maître de refuser de pareilles distinctions à la Chine, quand on va ou qu'on vient par ordre de l'empereur. On serait regardé comme des imposteurs dans les villes par où l'on passe, si l'on ne gardait pas cet article du cérémonial, et qu'on se dît cependant envoyé ou appelé du prince. L'avantage que nous en retirons, et que personne, à ce que je crois, ne pourra mépriser, c'est que les missionnaires qui vont avec ces marques d'honneur, recommandent aux mandarins des provinces par où ils passent les autres missionnaires qui travaillent dans leur district; c'est qu'ils apaisent les persécutions que la malice des infidèles leur suscite quelquefois ; c'est enfin que les chrétiens, appuyés de leur crédit, vivent en paix, et que les infidèles ne craignent point d'embrasser notre sainte religion, quand ils la voient si bien protégée. Je ne parle point des bons offices qu'on rend aussi aux marchands européens, qui ont quelquefois besoin de recommandation dans un pays où ils sont exposés à l'avarice et à la perfidie de certains officiers, qui ne sont pas toujours fort équitables.

Obsèques pompeuses d'un Missionnaire. — Pékin. — Cloche. — Observatoire. — Fleuve jaune.

Nous n'arrivâmes à *Pékin* que le 7 février 1688. Toute la cour était alors en deuil pour la mort de l'impératrice, aïeule de l'empereur. Nos pères étaient plongés aussi dans la douleur, pour la perte qu'ils venaient de faire du père Ferdinand *Verbiest*, décédé dix jours auparavant d'une langueur qui le consumait depuis quelques années. Ce serviteur de Dieu avait beaucoup souffert pour la foi dans la dernière persécution. Il fut mis en prison, et chargé de pesantes chaînes, qu'il porta plus longtemps que les autres confesseurs de Jésus-Christ. Dieu se servit de lui pour les faire rappeler de leur exil, et les rétablir dans leurs églises, où ils travaillèrent à ramasser leur troupeau, que la crainte des bannissements et la perte des biens avait dissipé. Il fut depuis ce temps là le protecteur de la foi, et l'appui des missionnaires que les mandarins inquiétaient ou persécutaient dans les provinces. C'est ainsi qu'en parle le pape Innocent XI dans le bref qu'il lui fit l'honneur de lui envoyer en 1681.

Nous n'oublierons jamais que nous lui sommes redevables de notre entrée à la Chine, et d'avoir rompu par son crédit les pernicieux desseins du vice-roi de Tche-kiam. Notre joie eût été complète, si, comme il le désirait, nous eussions pu le voir avant sa mort, lui communiquer nos desseins, profiter de ses lumières, et prendre des règles de conduite d'un homme que tous les chrétiens de la Chine regardaient avec raison comme leur père et le restaurateur de notre sainte religion en leur pays.

Les *obsèques du père Verbiest* se firent le 11 mars 1688. Nous y assistâmes; et voici l'ordre qu'on garda en cette cérémonie. Les mandarins que l'empereur avait envoyés pour honorer cet illustre défunt étant arrivés, nous nous rendîmes dans la salle où le corps du père était enfermé dans son cercueil. Les cercueils de la Chine sont grands, et d'un bois épais de trois ou quatre pouces, vernissés et dorés par dehors, mais fermés avec un soin extraordinaire, pour empêcher l'air d'y pénétrer. On porta le cercueil dans la rue, et on le posa sur un brancard au milieu d'une espèce de dôme richement couvert, et soutenu de quatre colonnes. Les colonnes étaient revêtues d'ornements de soie blanche (c'est à la Chine la couleur du deuil), et d'une colonne à l'autre pendaient plusieurs festons de soie de diverses autres couleurs, ce qui faisait un très-bel effet. Le brancard était attaché sur deux mâts d'un pied de diamètre, et d'une longueur proportionnée à leur grosseur, que soixante ou quatre-vingts hommes, arrangés des deux côtés, devaient porter sur leurs épaules. Le père supérieur, accompagné de tous les jésuites de Pékin, se mit à genoux devant le corps au milieu de la rue. Nous fîmes trois profondes inclinations jusqu'à terre, pendant que les chrétiens, qui étaient présents à cette triste cérémonie, fondaient en larmes et jetaient des cris capables d'attendrir les plus insensibles. La marche commença ensuite en cet ordre :

On voyait d'abord un tableau de vingt-cinq pieds de haut sur quatre de large, orné de festons de soie, dont le fond était d'un taffetas rouge, sur lequel le nom et la dignité du père Verbiest étaient écrits en chinois en gros caractères d'or. Cette machine, que plusieurs hommes soutenaient en l'air, était précédée par une troupe de joueurs d'instruments, et suivie d'une autre troupe qui portait des étendards, des festons et des banderoles. La croix paraissait ensuite dans une grande niche ornée de colonnes, et de divers ouvrages de soie. Plusieurs chrétiens suivaient, les uns avec des étendards comme les premiers, et les autres le cierge à la main. Ils marchaient deux à deux au milieu des vastes rues de Pékin, avec une modestie que les infidèles admiraient. On voyait après dans une niche l'image de la sainte Vierge et de l'enfant Jésus, tenant le globe du monde en sa main. Les chrétiens qui suivaient avaient aussi à la main des cierges ou des étendards, comme ceux qui précédaient.

Un tableau de l'ange gardien venait encore, accompagné de la même manière, et suivi du portrait du père Verbiest, qu'on portait avec tous les symboles qui convenaient aux charges dont l'empereur l'avait honoré. Nous paraissions immédiatement après avec nos habits de deuil, qui sont blancs à la Chine, comme j'ai dit ; et d'espace en espace nous marquions la tristesse dont nous étions pénétrés par des sanglots réitérés, selon la coutume du pays. Le corps du père Verbiest suivait, accompagné des mandarins que l'empereur avait nommés pour honorer la mémoire de ce célèbre missionnaire. Ils étaient tous à cheval : le premier était le beau-père de l'empereur, le second son premier capitaine des gardes, le troisième un de ses gentilshommes, et d'autres moins qualifiés. Toute cette marche, qui se fit avec un bel ordre et une grande modestie, était fermée par cinquante cavaliers ; les rues étaient bordées des deux côtés d'un peuple infini, qui gardait un profond silence en nous voyant passer.

Notre *sépulture* est hors de la ville, dans un jardin qu'un des derniers empereurs chinois donna aux premiers missionnaires de notre compagnie. Ce jardin est fermé de murailles, et on y a bâti une chapelle et quelques petits corps de logis.

Quand nous fûmes arrivés à la porte, nous nous mîmes tous à genoux devant le corps, au milieu du chemin, et nous fîmes trois fois les mêmes inclinations. Les pleurs des assistants recommencèrent. On

porta le corps auprès du lieu où il devait être in-
humé ; on y avait préparé un autel, sur lequel était
la croix avec des cierges. Le père supérieur prit alors
un surplis, récita les prières, et fit les encensements
ordinaires marqués dans le *rituel*. Nous nous prosternâmes encore trois fois devant le cercueil, qu'on
détacha du brancard pour le mettre en terre. Ce fut
alors que les cris des assistants redoublèrent, mais
avec tant de violence, qu'il n'était pas possible de
retenir ses larmes.

La fosse était une espèce de caveau profond de six
pieds, long de sept et large de cinq : il était pavé et
revêtu de briques de tous côtés en forme de muraille.
Le cercueil fut placé au milieu comme sur deux tré-
taux de briques, hauts d'environ un pied. On éleva
ensuite les murailles du caveau jusqu'à la hauteur de
six ou sept pieds, et on les termina en voûte, avec
une croix au-dessus.

Enfin, à quelques pieds de distance du tombeau,
on plaça une pièce de marbre blanc de six pieds de
haut, en comprenant la base et le chapiteau sur
lequel étaient écrits, en chinois et en latin, le
nom, l'âge et le pays du défunt, l'année de sa mort,
et le temps qu'il avait vécu à la Chine.

Le tombeau du père Mathieu Ricci est le premier
au bout du jardin, dans un rang distingué, comme
pour marquer qu'il a été le fondateur de cette mission. Tous les autres sont rangés sur deux lignes au-
dessous ; celui du père Adam Schall est d'un autre
côté, dans une sépulture vraiment royale, que l'em-

pereur qui règne aujourd'hui lui fit faire quelques années après sa mort, lorsqu'on rétablit la mémoire de ce grand homme.

Avant les obsèques du père Verbiest, *l'empereur*, qui venait de finir son deuil pour la mort de l'impératrice son aïeule, avait envoyé demander nos noms, et s'informer de nos talents et de notre capacité. La paix dont jouissait alors son empire, par ses soins, depuis les deux derniers voyages qu'il avait faits en Tartarie, et dont nous avions lu la relation étant encore à Paris, nous donna occasion de répondre, entre autres choses, qu'on admirait en France son esprit et sa conduite, et qu'on y estimait extrêmement sa valeur et sa magnificence. Il s'informa de l'âge du *roi*, des guerres qu'il avait soutenues, et de la manière dont il gouvernait ses États. Nous satisfîmes à toutes ses questions en sujets fidèles, et véritablement pénétrés des hautes qualités de notre auguste monarque. L'officier qui parlait de la part de l'empereur nous dit que, quoique son maître ne nous connût pas encore, il avait néanmoins déjà pour nous la même bienveillance que pour les autres pères; qu'il regardait le courage avec lequel nous quittions nos parents et notre patrie, pour venir à l'extrémité du monde prêcher l'Evangile, comme une preuve sensible de la vérité de notre religion; mais que, pour en être parfaitement convaincu, il voudrait voir à la Chine quelques miracles semblables à ceux qu'on racontait avoir été faits autrefois ailleurs pour la confirmer. Le prince u'en demeura pas là : il nous fit l'honneur un jour de nous envoyer de son thé, et du meilleur vin de sa table. Nous apprîmes qu'il voulait me retenir à sa cour avec mes compagnons, et qu'il pensait dès ce temps-là à nous donner une maison dans son palais. Mais Dieu, qui nous demandait ailleurs, ne permit pas que ce dessein s'exécutât sitôt. Nous ne savions point encore asssez de chinois, et nous n'aurions pu dans ces premiers commencements lui donner la satisfaction qu'il attendait.

C'était au *tribunal des rites* à nous présenter à l'empereur, parce que c'était ce tribunal qui avait reçu l'ordre de nous faire venir à la cour. Il nous appela donc après les obsèques du père Verbiest, c'est-à-dire aussitôt que, selon le cérémonial de la Chine, il nous fut libre de sortir. Nous vîmes ce redoutable tribunal, où, quelques années auparavant, tous les missionnaires avaient paru chargés de chaînes. Il n'avait rien de grand ni de magnifique pour le lieu. Les mandarins, assis sur une estrade, nous reçurent avec honneur, et nous parlérent après nous avoir fait asseoir. Le premier président tartare, ayant reçu les ordres de l'empereur, nous dit que ce prince souhaitait nous voir le lendemain, et que c'était le supérieur de notre maison qui nous présenterait.

Ce fut donc le 21 mars 1688 que nous eûmes l'honneur de saluer l'empereur. Ce grand prince nous témoigna beaucoup de bonté; et, aprés nous avoir fait un reproche obligeant de ce que nous ne voulions pas tous demeurer à sa cour, il nous déclara

qu'il retenait à son service les pères Gerbillon et Bouvet, et qu'il permettait aux autres d'aller dans les
provinces prêcher notre sainte religion. Il nous fit
ensuite servir du thé; et nous envoya cent pistoles,
ce qui parut aux Chinois une gratification extraordinaire. Après cette visite, nous ne songeâmes plus, le
père Lecomte, le père de Visdelou et moi, qu'à nous
partager dans les provinces, pour y travailler à la
conversion des infidèles. Mais, avant que de quitter
Pékin, nous fûmes bien aises de voir ce qu'il y a de
plus curieux dans cette ville fameuse.

Pékin est composé de deux villes: la première, au
milieu de laquelle est le palais de l'empereur, s'appelle la ville des Tartares; et la seconde, la ville des
Chinois. Elles sont jointes l'une à l'autre, et ont
chacune quatre lieues de tour. Il y a une si grande
multitude de peuple, et tant d'embarras, qu'on a
peine à marcher dans les rues, quoiqu'elles soient
très-larges, et que les femmes n'y paraissent point.

Nous alâmes voir la *fameuse cloche* de Pékin, qui
pèse, à ce qu'on nous assura, cent milliers. Sa forme
est cylindrique, et elle a dix pieds de diamètre. Sa
hauteur contient une fois et demie sa largeur, selon
les proportions ordinaires de la Chine. Elle est élevée sur un massif de briques et de pierres de figure
carrée, et couverte seulement d'un toit de nattes, depuis que celui de bois a été brûlé.

Nous vîmes aussi l'Observatoire, et tous les instruments de bronze, qui sont beaux et dignes de la magnificence de l'empereur. Mais je ne sais s'ils sont

aussi justes qn'il faudrait pour faire des observations exactes, pàrce qu'ils sont à pinnules, que les divisions en paraissent inégales à l'œil, et que les lignes transversales ne joignent pas en plusieurs endroits.

Les *portes* de la ville ont quelque chose de plus grand et de plus magnifiques que les nôtres : elles sont extrêmement élevées, et enferment une grande cour carrée, environnée de murailles, sur lesquelles on a bâti de beaux salons, tant du côté de la campagne que du côté de la ville. Les murailles de Pékin sont de briques; hautes d'environ quarante pieds, flanquées, de vingt en vingt toises, de petites tours carrées, à égale distance, et très-bien entretenues. Il y a de grandes rampes en quelques endroits, afin que la cavalerie y puisse monter. Nous prîmes souvent la hauteur du pôle de Pékin en notre maison, qu'on nomme *Si-tan,* c'est-à-dire l'église occidentale, et nous la trouvâmes de 59 degrés 52 minutes 55 secondes.

Après seize jours de marche. nous arrivâmes, le 14 avril 1688, qui était cette année-là le mercredi de la semaine sainte, à *Kiam-tcheou,* ville du second ordre de la province de Chan-si, où notre compagnie a une belle maison et une nombreuse chrétienté répandue dans les villages et daus les villes d'alentour. Nous y prîmes la hauteur du pôle, que nous trouvâmes être à 55 degrés 56 minutes et 10 secondes. Les cartes du père Martini la mettent à 56 degrés 50 minutes.

La route depuis Pékin jusqu'à la province de Chan-si est une des plus agréables que j'aie vues. On passe par neuf ou dix villes, et entre autres par celle de Paotim-fou, qui est la demeure du vice-roi. Tout le pays est plat et cultivé, le chemin uni et bordé en plusieurs endroits d'arbres, avec des murailles pour couvrir et garantir les campagnes. C'est un passage continuel d'hommes, de charrettes et de bêtes de charge. Dans l'espace d'une lieue de chemin on rencontre deux ou trois villages, sans compter ceux qu'on voit des deux côtés à perte de vue dans la campagne. Il y a sur les rivières de beaux ponts à plusieurs arches : le plus considérable est celui de *Lou-ko-kiao*, à trois lieues de Pékin. Les garde-fous en sont de marbre ; on compte de chaque côté 148 poteaux, avec des lionceaux au-dessus en différentes attitudes, et aux deux bouts du pont quatre éléphants accroupis.

Je partis de Kiam-tcheou le 5 mai 1688, pour aller à *Nankin*. Le père Lecomte et le père de Visdelou voulurent m'accompagner jusque hors de la ville. Nous rencontrâmes là nos principaux chrétiens, qui avaient préparé sur le chemin une table couverte de fleurs et de parfums, avec une *collation*. C'est la coutume à la Chine, quand on veut marquer du respect et de l'attachement à une personne qui s'en va. Il fallut s'arrêter pour répondre aux civilités et aux remercîments qu'ils nous faisaient d'être venus les visiter. Je me séparai d'eux avec regret ; et, prenant congé dans le même lieu des deux pères, mes fidèles compagnons de voyage depuis plus de trois ans, je partis seul pour me rendre où la divine **Providence** m'appelait.

Après qu'on a passé la rivière de Fuenho, on trouve pendant dix lieues un pays plat, couvert d'arbres et fort bien cultivé, avec un grand nombre de villages de tous côtés, et terminé à l'horizon par une chaîne de hautes montagnes. Ces montagnes, dans l'endroit où je les ai passées, étaient quelquefois stériles; mais le plus souvent elles étaient de bonnes terres, et cultivées jusque sur le bord des précipices. On y trouve quelquefois des plaines de trois ou quatre lieues environnées de collines, de sorte qu'on croirait être dans un bon pays. J'ai vu quelques *montagnes, coupées en terrasse* depuis le bas jusqu'au haut. Les terrasses, au nombre de 60 et 80, sont les unes sur les autres, à la hauteur seulement de trois ou quatre pieds. Les Chinois en détachent des pierres, et font de petites murailles pour soutenir ces terrasses: ils aplanissent ensuite la bonne terre, et y sèment du grain. C'est une entreprise infinie, qui fait voir combien ce peuple est laborieux. Je me trouvai un jour dans un chemin étroit et profond, où il se fit en peu de temps un grand embarras de charettes. Je crus qu'on allait s'emporter, s'entredire des injures, et peut-être se battre, comme on fait souvent en Europe; mais je fus surpris de voir des gens qui se saluaient, et qui se parlaient doucement, comme s'ils se fussent connus et aimés, et qui ensuite s'entr'aidaien mutuellement à se débarrasser et à passer. Cet exemple doit bien confondre nos chrétiens d'Europe, qui

I.   4.

savent si peu garder la modération dans de pareilles rencontres.

Quand on vient à la fin de ces montagnes, dont la descente est fort rude, quoique taillée dans le roc, on découvre la province de Honan et le Hoam-ho, c'est-à-dire le *Fleuve Jaune*, qui serpente fort loin dans la plaine. Le cours de cette rivière est marqué par des vapeurs blanches, ou par une espèce de brouillard que le soleil attire. Cette province est un pays plat, si bien cultivé, qu'il n'y avait pas un pouce de terre perdu. J'y vis des blés semés à la ligne comme le riz; il n'y avait que cinq ou six pouces entre chaque ligne. J'en vis d'autres qui étaient semés indifféremment et sans ordre, comme nous faisons en France. Leurs champs n'avaient pas de sillons comme les nôtres. Je ne passai que par sept villes; mais je découvris de tous côtés un si grand nombre de bourgs et de villages, que je crois que le Honan est une des plus belles provinces de la Chine. Je passai le Hoam-ho à neuf lieues de Cay-fum-fou, capitale de la province. C'est la rivière la plus rapide que j'aie trouvée. Ses eaux sont d'une couleur jaune, parce qu'elle entraîne beaucoup de terre; celle qu'on voyait sur les bords était de la même couleur.

Force d'un batelier chinois. — Nankin. — Voyage de l'empereur à cette ville. — Paix avec les Moscovites.

J'admirai en ce lieu la force d'un *batelier* chinois lorsqu'il fallut embarquer mes hardes. J'avais deux caisses qui pesaient deux cent cinquante livres chinoises, ou plus de trois cents livres de France. Le muletier avait fait de grandes difficultés pour les recevoir à Kiam-tcheou, disant que son mulet ne pourrait pas les porter. Le batelier vint, les prit, les chargea sur ses épaules toutes deux, avec l'attirail qui servait à les lier, et les porta gaiement dans sa barque. Je n'entrai point dans la ville de Cay-fumfou, parce que les portes en étaient fermées, et qu'on cherchait des voleurs qui avaient forcé et pillé la maison du mandarin qui garde les tributs de l'empereur.

De la province de Honan, on entre dans celle de Nankin, qui n'est pas si belle ni si peuplée de ce côté-là que du côté du midi. Après avoir passé par quatre villes, je vins à Pou-keou, qui est une petite place environnée de bonnes murailles, et située sur le *Kiam*, ce grand fleuve qui traverse toute la Chine d'occident en orient, et qui, la séparant en deux parties à peu près égales, dont l'une contient les provinces du nord, et l'autre celles du sud, porte l'abondance partout, par la facilité qu'il y a d'y naviguer en tout temps et sur toutes sortes de barques. Là ce fleuve est large de près d'une lieue, et profond de vingt-quatre et de trente-six *tchams*. Un tcham est une perche de la Chine, qui vaut dix de nos pieds.

La ville de *Nankin* n'est pas sur le Kiam, mais à deux ou trois lieues dans les terres. On peut s'y rendre par plusieurs canaux qui sont couverts de bateaux, parmi lesquels il y a un grand nombre de barques impériales, qui ne le cèdent presque point aux vaisseaux pour la grandeur. Elles sont très-propres, vernissées au dehors, dorées en dedans, avec des salles et des chambres très-bien meublées pour les mandarins qui viennent à la cour, ou qui sont obligés de faire quelques voyages dans les provinces.

Au reste, Nankin ne s'appelle plus de ce nom, qui signifie en chinois *la cour du sud*, comme Pékin signifie *la cour du nord*. Pendant que les six grands tribunaux de l'empire étaient également en ces deux villes, on les appelait *cours*; mais présentement qu'ils sont tous réunis à Pékin, l'empereur a donné le nom de *Kiam-nim* à la ville de Nankin. On ne laisse pas cependant, dans le discours, de l'appeler souvent de son ancien nom, mais on ne le souffrirait pas dans les actes publics.

J'arrivai à Nankin le 31 mai 1688, et j'y demeurai plus de deux ans, Durant ce temps-là j'allai voir la fameuse chrétienté de *Chamhai*, proche de la mer orientale, à huit journées de Nankin. Cette florissante Église doit son commencement à la conversion du *docteur Paul*, qui par son mérite et par sa grande capacité parvint à la dignité de *colao*, du temps du père Ricci. Il attira une infinité de gens au christianisme; car les Chinois ont une si grande estime pour les savants, que quand quelqu'un d'eux se convertit, c'est toujours pour plusieurs autres un exemple auquel ils ne résistent guère. « Nos lettrés, disent-ils, préfèrent la loi du Seigneur du ciel à celle des bonzes, et à toutes les autres religions de la Chine; il faut donc qu'elle soit la meilleure. » D'où l'on voit de quelle conséquence il est, pour le bien de la religion, de gagner à la Chine les gens de lettres. d'apprendre leurs livres et leurs sciences, de s'accommoder, autant que la religion le peut permettre, à leurs cérémonies et à leurs usages, pour s'insinuer plus aisément dans leur esprit.

Je ne vous parlerai point, mon révérend père, du peu de bien que j'ai fait à Nankin, où je demeurais avec le père Gabiani, qui me donnait de grands exemples de vertu. J'instruisais les chrétiens, j'entendais les confessions, et j'administrais avec lui les autres sacrements.

Au commencement de l'année 1689, *l'empereur fit un voyage* dans les provinces du midi. La veille qu'il arriva à Nankin, nous allâmes, le père Gabiani et moi, à deux lieues de la ville sur la route qu'il devait tenir. Il eut la bonté de s'arrêter et de nous parler de la manière du monde la plus obligeante. Il était à cheval, suivi de ses gardes du corps et de deux ou trois mille cavaliers. La ville le vint recevoir avec des étendards, des drapeaux de soie, des dais, des parasols, et d'autres ornements sans nombre. On avait élevé des arcs de triomphe revêtus de brocard, et ornés de festons, de rubans, et de houppes de soie, sous lesquels il passait. Il y avait dans les rues un peuple infini, mais dans un si grand respect et dans un silence si profond, qu'on n'entendait pas le moindre bruit. L'empereur avait résolu de partir dès le lendemain. Tous les mandarins l'ayant supplié de demeurer quelques jours et de faire cet honneur à la ville, il ne voulut pas les écouter; mais, le peuple étant venu ensuite demander la même grâce, l'empereur l'accorda, et demeura trois jours avec eux : car il est de la bonne politique, en Chine, que les empereurs dans ces sortes de voyages, se concilient, autant qu'il se peut, l'esprit des peuples, même au déplaisir des grands seigneurs.

Pendant le séjour de l'empereur à Nankin, nous allâmes tous les jours au palais, et il nous fit l'honneur d'envoyer aussi tous les jours chez nous un ou deux gentilshommes de sa chambre. Il me fit demander si l'on voyait à Nankin le *canopus*, étoile du sud, que les Chinois appellent *laoginn-sing*, l'étoile des vieillards, ou des gens qui vivent long-temps ; et sur ce que je répondis qu'elle paraissait au commencement de la nuit, l'empereur alla un soir à l'Observatoire, uniquement pour la voir.

Ces bontés de l'empereur nous firent beaucoup d'honneur, parce qu'il nous les témoignait à la vue de toute la cour et des premiers mandarins des provinces voisines, qui s'en retournaient ensuite dans leurs gouvernements, prévenus en faveur de notre sainte loi et des missionnaires qui la prêchent. Il partit de Nankin le 22 mars, pour s'en retourner à Pékin. Comme notre devoir nous obligeait de lui faire cortége pendant quelques jours, nous fîmes environ trente lieues à sa suite, après quoi nous l'attendîmes au bord d'une rivière. Il nous aperçut, et eut la bonté de faire approcher notre canot, que sa barque traîna durant

plus de deux lieues. Il était assis sur une estrade ; il
ut d'abord notre *cheou-puen*, c'est-à-dire, le remer-
ciment que nous lui faisions par écrit, selon la coutume de la Chine. Ce cheou-puen était écrit en caractères fort menus ; c'est ainsi que les inférieurs en
usent à la Chine à l'égard de leurs supérieurs ; et
plus la dignité des supérieurs est élevée, plus les caractères dont les inférieurs se servent doivent être petits et déliés ; ce qui paraît être très-incommode pour
l'empereur.

Ce grand prince nous traita dans cette dernière
visite avec beaucoup de familiarité ; il nous demanda
comment nous avions passé le Kiam, et s'il trouverait
sur sa route quelques-unes de nos églises. Il nous
montra lui-même ce qu'il avait de livres avec lui, et
donna en notre présence divers ordres aux mandarins
qu'il avait appelés ; et, après avoir fait mettre dans
notre canot du pain de sa table, et quantité d'autres
provisions, il nous renvoya comblés d'honneur.

Cependant le père *Gerbillon* et le père *Bouvet* ne
manquaient pas d'occupation à Pékin. Comme les
pères Pereyra et Thomas étaient obligés, depuis la
mort du père Verbiest, d'aller tous les jours au palais,
et de prendre soin du tribunal des mathématiques,
les deux pères français étaient chargés de presque
toute la chrétienté de cette grande ville. L'empereur,
qui les avait fort goûtés avant son voyage, les engagea
son retour à apprendre la *langue tartare*, afin de
pouvoir s'entretenir avec eux. Il leur donna des maîtres, et prit un soin particulier de leur étude, jusqu'à

les interroger et à lire lui-même ce qu'ils avaient composé, pour voir les progrès qu'ils faisaient en cette langue, qui est beaucop plus aisée à apprendre que la chinoise.

Ce fut en ce temps-là qu'on parla de faire la *paix avec les Moscovites*, et que l'on proposa de part et d'autre de régler les limites des deux empires. Les czars de Moscovie envoyèrent leurs plénipotentiaires à Nipchou. L'empereur y envoya aussi des ambassadeurs avec le père Thomas Pereyra, Portugais, et le père Gerbillon, qui devaient leur servir d'interprètes. Et afin de faire voir l'estime qu'il avait pour ces deux pères, il leur donna deux de ses propres habits, et voulut qu'ils fussent assis avec les mandarins du second ordre ; mais comme ces officiers portent au cou une espèce de chapelet, qui est la marque de leur dignité, et qu'on ne croit pas tout à fait exempts de superstition, il permit aux jésuites de mettre leur propre chapelet à leur cou, au lieu de celui des mandarins, afin que par la croix et les médailles qui y sont attachées on pût facilement les reconnaître et discerner ce qu'ils étaient.

Il se trouve des occasions importantes où des manières engageantes, avec un peu d'usage du monde, ne sont pas inutiles à un missionnaire. Le père Gerbillon s'en servit avantageusement en celle-ci. Comme il venait de France, où l'on parle souvent des intérêts des princes, et où les guerres continuelles et les traités de paix font faire mille réflexions sur ce qui est préjudiciable ou avantageux aux nations, il eut le bon-

heur de trouver des expédients pour concilier les
Chinois et les Moscovites qui ne s'accordaient sur
rien, et qui étaient prêts à rompre leurs conférences.
Les Moscovites étaient fiers et parlaient avec hauteur ;
les Chinois de leur côté croyaient être les plus forts,
parce qu'ils étaient venus avec une bonne armée, et
et qu'ils en attendaient une autre de la Tartarie
orientale, qui montait le fleuve Helon-kian. Leur in-
tention néanmoins n'était pas de faire la guerre ; car
ils craignaient que les Tartares occidentaux ne se joi-
gnissent aux Moscovites, ou que ceux-ci ne donnas-
sent du secours aux autres, s'ils formaient quelque
dessein contre la Chine ; ainsi ils souhaitaient la paix
et ne la pouvaient conclure. Les deux pères, les
voyant dans cet embarras, et s'entretenant avec les
Chinois sur les difficultés qui arrêtaient la négociation, apprirent d'eux que l'empereur permettrait volontiers aux Moscovites de venir à Pékin tous les ans
pour faire leur commerce. « Si cela est, dit le père
Gerbillon, tenez pour certain, messieurs, qu'il n'est
pas difficile de faire la paix avec eux, et de les ramener
dans tous vos sentiments. » Les plénipotentiaires
chinois le prièrent de passer dans le camp des Moscovites. Il y alla, et les Moscovites ayant compris que
la liberté de venir trafiquer tous les ans à Pékin était
le plus grand avantage qu'ils pouvaient espérer,
comme le père le leur montra clairement, ils cédèrent
le fort d'Yacsa, qui avait été pris et repris pendant la
guerre, et acceptèrent les limites que proposait l'empereur. Cette négociation ne dura que peu d'heures

5

et le père revint avec un traité de paix tout dressé, que les plénipotentiaires signèrent deux jours après, et jurèrent solennellement à la tête de leurs troupes, prenant à témoin le Dieu des chrétiens qu'ils le garderaient fidèlement.

Cette paix fit beaucoup d'honneur aux deux missionnaires ; toute l'armée les en félicita ; mais celui qui leur fit plus de caresses fut le prince *Sosan*, chef de l'ambassade. Il les remercia plusieurs fois de l'avoir tiré d'un grand embarras, et leur dit qu'ils pouvaient compter sur lui, s'il avait jamais occasion de leur être utile. Le père Gerbillon prit ce moment pour lui découvrir nos sentiments. « Vous savez, seigneur, lui dit-il, quels sont les motifs qui nous obligent de quitter tout ce que nous avons de plus cher en Europe, pour venir en ce pays-ci ; tous nos désirs se terminent à faire connaître le vrai Dieu, et à faire garder sa sainte loi ; mais ce qui nous désole, c'est que les derniers édits défendent aux Chinois de l'embrasser. Nous vous supplions donc, puisque vous avez tant de bonté pour nous, de faire lever cette défense quand vous y verrez quelque jour ; nous sentirons plus vivement cette grâce, que si vous nous combliez de richesses et d'honneurs, parce que la conversion des âmes est l'unique bien auquel nous soyons sensibles. » Ce seigneur promit de nous servir efficacement en toute rencontre, et il nous a tenu parole, ainsi que vous le verrez bientôt.

Le père Verbiest, et les autres pères de Pékin, avaient toujours ardemment désiré d'obtenir la *liberté de la religion chrétienne.* Ils avaient souvent pensé aux moyens dont ils devaient user pour en venir à bout; mais l'affaire leur avait toujours paru si délicate, qu'ils n'avaient osé la proposer, dans la crainte de faire confirmer peut-être les anciens édits, et de réduire la religion à de plus fâcheuses extrémités; mais Dieu, dont la conduite est toujours merveilleuse disposa l'esprit de l'empereur à leur accorder cette grâce. Voici comme la chose se passa.

L'empereur de la Chine s'adonne à l'étude des sciences de l'Europe. — Ses expériences.

Ce prince, voyant son empire en paix, résolut d'apprendre les *sciences de l'Europe.* Il choisit lui-même l'arithmétique, les éléments d'Euclide, la géométrie pratique, et la philosophie. Le père Antoine Thomas, le père Gerbillon et le père Bouvet eurent ordre de composer des traités sur ces matières. Le premier eut pour son partage l'arithmétique, et les deux autres les éléments d'Euclide et la géométrie. Ils composaient leurs démonstrations en tartare : ceux qu'on leur avait donnés pour maîtres en cette langue les revoyaient avec eux; et si quelque mot leur paraissait obscur ou moins propre, ils en substituaient d'autres en la place. Les pères présentaient ces démonstrations, et les expliquaient à l'empereur, qui, comprenant facilement tout ce qu'on lui enseignait admirait de plus en plus la solidité de nos sciences, et s'y appliquait avec une nouvelle ardeur. Ils allaient tous les jours au palais, et passaient deux heures le matin et deux heures le soir avec l'empereur. Il les faisait ordinairement monter sur son estrade, et les obligeait de s'asseoir à ses côtés pour lui montrer les figures, et pour les lui expliquer avec plus de facilité.

Le plaisir qu'il prit aux premières leçons qu'on lui donna fut si grand, que quand même il allait à son palais de Tchan-tchun-yüen, qui est à deux lieues de Pékin, il n'interrompait pas son travail. Les pères étaient obligés d'y aller tous les jours, quelque temps qu'il fît. Ils partaient de Pékin dès quatre heures du matin, et ne revenaient qu'au commencement de la nuit. A peine étaient-ils de retour, qu'il fallait se remettre au travail, et passer souvent une partie de la nuit à composer et à préparer les leçons du lendemain. La fatigue extrême que ces voyages continuels et ces veilles leur causaient, les accablait quelquefois; mais l'envie de contenter l'empereur, et l'espérance de le rendre favorable à notre sainte religion, les soutenaient et adoucissaient toutes leurs peines. Quand ils étaient retirés, l'empereur ne demeurait pas oisif; il répétait en son particulier ce qu'on venait de lui expliquer; il relisait les démonstrations, il faisait venir quelques-uns des princes ses enfants pour les leur expliquer lui-même, et il ne se donnait aucun repos qu'il ne sût parfaitement ce qu'il avait envie d'apprendre.

L'empereur continua cette étude pendant quatre

ou cinq ans, avec la même assiduité, sans rien diminuer de son application aux affaires, et sans manquer un seul jour à donner audience aux grands officiers de sa maison et aux cours souveraines. Il ne s'arrêtait pas à la seule spéculation, il y joignait la pratique; ce qui lui rendait l'étude agréable, et lui faisait parfaitement comprendre ce qu'on lui enseignait. Quand on lui expliquait, par exemple, les proportions des corps solides, il prenait une boule, la faisait peser exactement, et en mesurait le diamètre. Il calculait ensuite quel poids devait avoir une autre boule de même matière, mais d'un plus grand ou d'un plus petit diamètre, ou quel diamètre devait avoir une boule d'un plus grand ou d'un plus petit poids. Il faisait ensuite tourner une boule qui avait ces diamètres ou ces poids, et il remarquait si la pratique répondait à la spéculation. Il examinait avec le même soin les proportions et la capacité des cubes, des cylindres, des cônes entiers et tronqués, des pyramides et des sphéroïdes.

Il nivela lui-même, durant trois ou quatre lieues, la pente d'une rivière. Il mesurait quelquefois géométriquement la distance des lieux, la hauteur des montagnes, la largeur des rivières et des étangs, prenant ses stations, pointant ses instruments dans toutes les formes, et faisant exactement son calcul. Ensuite il faisait mesurer ces distances, et il était charmé, quand il voyait que ce qu'il avait trouvé par le calcul s'accommodait parfaitement à ce qu'on avait mesuré. Les seigneurs de sa cour, qui étaient présents, ne manquaient pas de lui en marquer de l'admiration; il recevait avec plaisir leurs applaudissements, mais il les tournait presque toujours à la louange des sciences d'Europe et des pères qui les lui enseignaient; l'empereur en s'occupant ainsi vivait avec eux dans une espèce de familiarité qui n'est pas ordinaire aux princes de la Chine.

Après quelques interruptions occasionnées par des embarras qui étaient survenus dans la province de Tché-kiam, l'empereur reprit ses *études*, et les pères continuèrent à le servir avec une nouvelle ardeur. Il eut envie d'avoir des instruments de mathématiques; nous lui envoyâmes les nôtres, qu'il avait déjà vus, mais il n'en connaissait pas alors l'usage. Il les trouva si beaux et si justes (car ils étaient faits par les plus habiles maîtres de Paris), qu'il désira d'en avoir davantage. Les mandarins en firent chercher dans tous les ports, et envoyèrent à Pékin tout ce qu'ils en purent trouver. L'empereur au commencement les recevait tous, de quelque nature qu'ils fussent, et ce n'était pas un petit travail pour les pères de la cour que d'en deviner l'usage; car il fallait le mettre par écrit clairement, et le montrer à ce prince, qui est exact, et qui ne laisse rien passer.

Sur la fin de l'année 1692, je quittai Nankin pour aller à Canton avec le père Visdelou. Il fallait y faire un établissement solide, pour recevoir les missionnaires que nous attendions. La maison fut achetée; mais à peine commencions-nous à la meubler, que nous reçûmes ordre de l'empereur de venir tous deux à la cour. Cet ordre portait que le père Lecomte, que nous avions envoyé en Europe pour les affaires de notre mission, y vînt aussi à son retour, et nous fûmes chargés de l'en avertir. Les vicaires apostoliques et les missionnaires se réjouirent de cette nouvelle, et la regardèrent comme un coup du ciel, non-seulement pour nous, mais encore pour toute la mission.

Maladie de l'empereur. — Le père Visdelou. — Remède d'un bonze. Quinquina. — Guérison de l'empereur. — Maladie du prince Sosan.

L'empereur était *malade* lorsque nous y arrivâmes; le père Gerbillon et le père Pereyra passaient les nuits au palais par son ordre. Ce grand prince ne laissa pas de penser à nous, et d'envoyer à quelques lieues de la ville au-devant de nous les autres pères, avec un gentilhomme de sa chambre, qui nous dit, de sa part, que s'il eût été informé de notre route, il les aurait envoyés encore plus loin. Nous allâmes descendre au palais, et nous y passâmes le reste du jour dans un appartement qui était près de celui de l'empereur. Le prince, son fils aîné, nous fit l'honneur de nous y venir trouver, et de nous marquer mille bontés. Le Hoang-taï-tcé, qui est le *prince héritier* et le second de ses enfants, y vint aussi. Comme il est habile dans les livres chinois, il témoigna une affection particulière au père de Visdelou, qui avait

a réputation d'y être savant. Après quelques entretiens, le prince fit apporter des livres anciens et les
montra au père. A l'ouverture du livre, le père les
expliqua avec tant de facilité et de netteté que
le prince en fut surpris, et dit deux ou trois fois aux
mandarins qui l'accompagnaient : *Ta-toug, il les entend parfaitement.* Il lui demanda ensuite ce qu'il pensait des livres chinois, et s'ils s'accordaient avec
notre religion. Le père, après s'être excusé modeste-
ment, répondit que notre religion pouvait s'accorder avec ce qu'on trouvait dans les anciens livres,
mais non pas avec ce que les interprètes avaient
écrit. « Il faut avouer aussi, repartit le prince, que
les nouveaux interprètes n'ont pas toujours bien pris
le sens de nos anciens auteurs. » Depuis cette conférence, le prince héritier a eu une estime particulière
pour le père de Visdelou, et il lui en a même donné des
marques éclatantes, dont nous espérons que la religion tirera de grands avantages. Ce prince nous parla
des livres du père Mathieu Ricci, et nous fit de si
grands éloges de l'esprit et de l'érudition de ce père,
que les plus habiles Chinois s'en seraient tenus ho-
norés.

Depuis deux ans l'empereur avait beaucoup examiné nos remèdes d'Europe, et particulièrement
les *pâtes médicinales* que le roi fait distribuer aux
pauvres par tout son royaume. Nous lui avions marqué toutes les maladies qu'elles guérissent en France,
et il avait vu, par des expériences réitérées, qu'elles
faisaient en effet des cures si merveilleuses et si

promptes, qu'un homme à l'extrémité, et dont on n'attendait plus que la mort, se trouvait souvent le lendemain hors de danger. Des effets si surprenants lui firent donner à ces pâtes le nom de *chin-yo* ou de *remèdes divins*. La maladie qu'il avait alors était un commencement de fièvre maligne. Quoiqu'il sût, par plusieurs exemples certains, que les pâtes guérissaient son mal, les médecins chinois ne jugèrent pas à propos de lui en faire prendre, et ils le traitèrent d'une autre manière : mais l'empereur, voyant que le mal augmentait, et craignant un transport au cerveau, prit son parti et se fit donner une demi-prise de ces pâtes. La fièvre le quitta sur le soir, et les jours suivants il se porta mieux : il eut ensuite quelques accès de fièvre tierce, peut-être pour ne s'être pas purgé suffisamment. Quoique ces accès ne fussent pas violents, et qu'ils ne durassent que deux heures, il en eut de l'inquiétude. Il fit publier par toute la ville que si quelqu'un savait quelques remèdes contre la fièvre tierce, il eût à en avertir incessamment, et que ceux qui en étaient actuellement malades vinssent au palais pour en être guéris. On ne manqua pas de faire tous les jours quantité d'expériences. Un *bonze* se distingua particulièrement : il fit tirer d'un puits un seau d'eau fraîche qu'on lui apporta devant quatre des plus grands seigneurs de la cour, députés de l'empereur pour recevoir tous les remèdes qu'on présenterait, et pour assister aux épreuves, afin d'en faire ensuite leur rapport; il remplit une tasse de cette eau, et, sortant de la salle, il la présenta au soleil, en élevant les mains et les yeux au ciel; et, se tournant ensuite vers les quatre parties du monde, il fit cent postures qui paraissaient mystérieuses aux païens; quand il eut achevé, il fit avaler l'eau à un fébricitant qui attendait sa guérison à genoux, et qui la souhaitait ardemment; mais le remède n'eut aucun effet, et le bonze passa pour un imposteur.

On en était là, lorsque nous arrivâmes à la cour, le père de Visdelou et moi. Nous apportions une livre de *quinquina*, que le père Dolu nous avait envoyé de Pondichéry. Ce remède était encore inconnu à Pékin. Nous allâmes le présenter comme le remède le plus sûr qu'on eût en Europe contre les fièvres intermittentes. Les quatre seigneurs dont nous avons parlé nous reçurent avec joie; nous leur dîmes d'où venait le quinquina, quels étaient ses effets, quelles maladies il guérissait, comment le roi de France l'avait rendu public pour le soulagement de ses peuples, après avoir donné à celui qui en avait le secret une récompense digne d'un si grand monarque.

On fit le lendemain l'expérience de ce remède sur trois malades, que l'on garda à vue dans le palais, et qui furent guéris tous trois dès la première prise. On en donna avis sur-le-champ à l'empereur, qui aurait pris ce jour-là même du quinquina, si le prince héritier, qui était extrêmement inquiet de la maladie d'un père qu'il aime tendrement, n'eût craint quelque mauvais effet d'un remède qu'on ne connaissait pas encore assez. Il appela les grands, et leur fit des reproches d'en avoir parlé sitôt à l'empereur. Ceux-ci s'excusèrent sur ce qu'il n'y avait rien à en craindre, et s'offrirent tous quatre d'en prendre, et le prince y consentit. Incontinent on apporta des tasses avec du vin et du quinquina; le prince fit lui-même le mélange, et les quatre seigneurs en prirent devant lui. Ils se retirèrent ensuite, et dormirent tranquillement, sans ressentir la moindre incommodité. L'empereur, qui avait fort mal passé la nuit, fit appeler le prince Sosan; et, ayant appris que lui et les autres seigneurs se portaient bien, il prit le quinquina sans délibérer davantage. Il attendait la fièvre ce jour-là, mais elle ne vint point : il fut tranquille le reste du jour et la nuit suivante. La joie fut grande dans le palais; les quatre seigneurs nous firent le lendemain des conjouissances sur la bonté de notre remède.

Quand il fut entièrement rétabli, il récompensa tous ceux qui l'avaient servi pendant sa maladie, ou qui lui avaient apporté quelques remèdes, quoiqu'il ne les eût pas pris. Mais il punit rigoureusement *trois* de ses *médecins*, pour avoir été d'avis, dans la violence de son mal, de ne lui donner aucun remède. « Quoi! leur dit-il, vous m'abandonnez dans le danger, de peur qu'on ne vous impute ma mort, et vous ne craignez pas que je meure en ne me donnant aucun secours! » Il ordonna au tribunal des crimes d'examiner leur conduite, et de les juger suivant les lois. Ce tribunal les condamna à mort; mais l'empereur leur fit grâce, et les envoya en exil.

Il ne nous oublia pas en cette occasion. Il dit publiquement que les pâtes médicinales du père Gerbillon et du père Bouvet lui avaient sauvé la vie, et que le quinquina que nous lui avions apporté, le père de Visdelou et moi, l'avait délivré de la fièvre tierce et qu'il voulait nous en récompenser. Dans cette vue, il se fit apporter le plan de toutes les maisons qui lui appartenaient; et, nous ayant fait appeler (le 4 juillet 1695), il nous fit dire par un des gentilshommes de sa chambre : « L'empereur vous fait don d'une maison à vous quatre dans le Hoâng-Tchin, c'est-à-dire dans la première enceinte de son palais. » Après avoir entendu ces paroles à genoux, selon le cérémonial de la Chine, nous nous levâmes, et cet officier nous conduisit dans l'appartement de l'empereur pour y faire notre remercîment, sans que le prince fût présent. Plusieurs mandarins, qui se trouvèrent là par hasard, assistèrent à cette cérémonie aussi bien que le père Pereyra et un autre père de notre compagnie, lesquels étaient venus au palais pour quelques autres affaires. Ils se rangèrent tous à droite et à gauche, se tenant debout et dans un grand silence, un peu éloignés de nous, pendant que les pères Gerbillon, Bouvet, de Visdelou et moi, rangés sur une même ligne au milieu d'eux, fîmes trois génuflexions et neuf inclinations profondes, jusqu'à toucher la terre avec le front, pour marquer notre reconnaissance. Nous recommençâmes cette cérémonie le lendemain devant l'empereur qui eut la bonté de nous appeler en particulier, et de nous parler dans les termes du monde les plus obligeants. Il fit mettre entre les mains du père Bouvet les présents qu'il envoyait en France, et le chargea d'informer le roi de la faveur qu'il venait de nous faire.

Nous prîmes possession de notre maison ; mais comme elle n'était pas accommodée à nos usages, l'empereur ordonna au tribunal des édifices d'y faire faire toutes les réparations que nous souhaiterions ; ce qui fut exécuté sur-le-champ. Ce tribunal envoya quatre architectes, avec tous les matériaux nécessaires, et nomma deux mandarins pour conduire l'ouvrage. Tout étant prêt le 19 décembre, nous dédiâmes notre *chapelle* à l'honneur de Jésus-Christ, mourant sur la croix pour le salut des hommes, et nous en fîmes le lendemain l'ouverture avec cérémonie. Plusieurs chrétiens s'y rendirent le matin, et remercièrent Dieu avec nous de ce qu'il voulait être honoré dans le palais de l'empereur, où jusqu'alors on n'avait offert que des sacrifices impies. Le père de Visdelou fit un discours sur l'obligation de sanctifier les dimanches et les fêtes, et de venir ces jours-là à l'église.

Depuis ce temps-là le père Gerbillon prêcha tous les dimanches, et expliqua aux fidèles les principaux devoirs du chrétien. Nous baptisâmes plusieurs catéchumènes qui nous apportaient leurs idoles et les jetaient sous les bancs et sous les tables, pour montrer le mépris qu'ils en faisaient. Tous les dimanches et les fêtes nous avions quelque baptême. Le père de Visdelou se chargea du soin d'instruire les prosélytes et nous eûmes en peu de temps une florissante chrétienté. Les plus fervents chrétiens nous amenaient leurs amis, pour leur parler de la loi de Dieu. Le fameux Hiu-cum, ancien eunuque du palais, se distinguait parmi les autres en cette œuvre de charité. Ce saint homme avait beaucoup souffert dans la dernière persécution; il avait été long temps en prison avec les pères, et on l'avait chargé aussi bien qu'eux de neuf grosses chaînes. Ce rude traitement ne fit qu'animer son zèle : jamais homme ne rougit moins de l'Évangile ; il soutenait devant les juges la cause de Dieu et le parti de la religion, et il leur parlait avec une sainte liberté, qu'il conserva jusqu'à la mort. Dieu lui avait donné des biens considérables ; il les employa tous au soulagement des pauvres. Si les chrétiens qui venaient à Pékin des provinces éloignées ou des villes voisines n'avaient point de lieux où se retirer, il les recevait avec charité dans sa maison; et quand ils étaient pauvres, il les nourrissait. Il porta si loin cette sainte hospitalité, qu'il tomba lui-même dans la misère et qu'il se vit réduit à recevoir l'aumône, après l'avoir faite si souvent et si libéralement aux autres. Il avait un si grand talent pour parler de Dieu, que les plus grands seigneurs se faisaient un plaisir de l'entendre. Il inspirait à tout le monde une dévotion tendre pour la sainte Vierge, qu'il honorait particulièrement. Dans ses visites il se faisait un honneur de porter son chapelet au cou, avec les médailles que les anciens missionnaires lui avaient données. Il avait une affection particulière pour notre maison, et quoiqu'il en fut éloigné de près d'une lieue,

il venait souvent prier Dieu dans notre chapelle. Une
de ses occupations les plus ordinaires, était d'aller à
la campagne visiter les chrétiens, les instruire et les
entretenir dans la ferveur. Il y faisait presque toujours
de nouveaux prosélytes, qu'on baptisait chez nous ou
dans les autres églises après qu'ils étaient suffisamment instruits.

Un des plus considérables que nous baptisâmes en
ces commencements dans notre chapelle, fut un *co-
lonel tartare* de la maison de l'empereur. Cet officier
demeurait près de notre maison : il avait épousé une
dame chrétienne fort vertueuse, qui ne cessait depuis
longtemps de prier Dieu pour la conversion de son
mari. Elle lui parlait souvent de la sainteté de notre
religion, et des biens que le seigneur du ciel préparait, dans l'autre vie, à ceux qui le servaient fidèlement en celle-ci. Une autre fois elle lui expliquait
nos principaux mystères, et ce qu'il faut croire pour
être chrétien. Il l'écoutait volontiers ; mais les soins
et les embarras du siècle étouffaient incontinent le
grain de la divine parole, qui tombait dans son cœur
sans y prendre racine. Il n'avait presque pas un moment à lui ; sa charge l'obligeait d'aller tous les matins au palais ; il y demeurait tout le jour, et il n'en
revenait que bien avant dans la nuit. S'il eût su lire,
il aurait pu s'instruire par la lecture de nos livres :
mais on n'en demande pas tant à un officier tartare,
dont tout le mérite est de savoir bien monter à cheval et tirer de l'arc, et d'être fidèle et prompt à exécuter les ordres du prince. Dieu néanmoins le tou-

cha, dans le temps que l'empereur partait pour un voyage de Tartarie. Comme l'officier le devait suivre, il résolut de se faire baptiser avant que de partir. Il vint donc nous trouver à six heures du soir, pour nous demander le baptême. Quelque bonne volonté que nous eussions de le contenter, nous nous trouvâmes d'abord arrêtés, parce qu'il ne savait aucune des prières que nous faisons toujours réciter aux catéchumènes avant que de leur conférer le baptême.

« Mon père, me dit-il, ne demandez pas de moi que je sache toutes ces prières par cœur; car je n'ai ni assez de mémoire pour les retenir, ni personne pour me les répéter continuellement; je ne sais point lire non plus pour les apprendre dans un livre; mais je crois tous les mystères de la religion, un Dieu en trois personnes, la seconde personne qui s'est faite homme, et qui a souffert la mort pour notre salut. Je crois que ceux qui gardent la loi seront sauvés, et que ceux qui ne la gardent pas seront damnés éternellement. Je n'ai aucun empêchement pour me faire chrétien; car je n'ai qu'une femme, et je n'en veux jamais avoir qu'une : il n'y a point d'idoles dans ma maison, et je n'en adore aucune. J'adore seulement le Seigneur du ciel, et je veux l'aimer et le servir toute ma vie. »

Tout cela ne nous contentait point, parce que nous voulions qu'il sût ses prières; et nous commencions à lui persuader qu'il différât son baptême jusque après son retour, parce qu'alors on l'aiderait à les apprendre. « Mais, mon père, me répliqua-t-il,

si je meurs dans ce voyage, mon âme sera perdue, et
vous pouvez la sauver en me baptisant à présent. Car
qui est-ce qui me baptisera si je tombe malade ? Vous
voyez que je suis prêt à tout, que je crois tous les
articles de votre loi, et que je la veux garder toute
ma vie. J'ai laissé le palais, et je suis venu ici à la
hâte pour vous prier de me faire cette grâce. Je n'ai
que deux heures pour me préparer à mon départ ;
car il faut que je marche cette nuit. Mon père, conti-
nua-t-il, au nom de Dieu, ne me refusez pas cette
grâce. »

La sincérité de cet officier nous plut : nous crûmes,
tout bien examiné, qu'il fallait agir avec lui comme
on fait avec ceux qui sont en danger de mort Après
donc lui avoir recommandé d'apprendre les prières
le mieux qu'il pourrait, quand il serait de retour, et
d'adorer tous les matins et tous les soirs le Seigneur
du ciel, et qu'il nous eut promis de garder fidèlement
sa sainte loi, je le baptisai dans notre chapelle, en
présence de nos pères et de nos domestiques, et je lui
donnai le nom de Joseph. Je ne saurais dire avec
quelle joie et quelle consolation il reçut cette grâce :
il nous embrassa et se jeta à nos genoux ; il frappa
souvent la terre de son front, pour nous marquer sa
reconnaissance. Ce qu'il avait prévu arriva ; car,
ayant beaucoup fatigué pendant ce voyage, il tomba
malade, et mourut huit jours après. J'espère que
Dieu, qui lui avait donné ce sentiment, lui aura fait
miséricorde.

Un an après que l'empereur nous eut donné notre

maison, il nous fit une seconde grâce qui ne le cédait point à la première, et qui faisait autant d'honneur à la religion ; ce fut de nous donner un grand emplacement pour bâtir notre *église*. Il y avait à côté de notre maison un terrain vide, long de trois cents pieds et large de deux cents : les grands-maîtres de sa maison ayant résolu d'y faire élever quelques corps de logis pour des eunuques du palais, nous crûmes qu'il fallait les prévenir, et tâcher d'obtenir cette place pour y bâtir la maison du Seigneur. Après avoir donc recommandé cette affaire à Dieu, nous allâmes, le père Gerbillon, le père de Visdelou et moi, présenter notre requête : elle disait, dans les termes les plus respectueux, que nos maisons n'étaient jamais sans églises, et que les églises en étaient la principale partie ; que si les maisons étaient belles et spacieuses, l'église les devait surpasser : car quel honneur aurions-nous, si, dévoués par nos vœux et par notre profession à chercher la plus grande gloire de Dieu, nous étion mieux logés que le Seigneur du ciel ? que, ne manquant rien à la maison que l'empereur avait eu la bonté de nous donner, il fallait une église magnifique pour accompagner un si grand don ; mais que, n'ayant point de place pour la bâtir, nous ne le pouvions faire, si l'empereur ne nous donnait un espace convenable dans ce terrain.

Celui que nous avions chargé de notre requête l'ayant présentée, et fait valoir nos raisons, l'empereur envoya les grand-maîtres de sa maison visiter le terrain que nous demandions ; et, après avoir ouï leur rapport, il nous en accorda la moitié, faisant marquer expressément dans son ordre, qu'il fût inséré dans les registres du palais qu'il nous donnait cet emplacement pour bâtir une église magnifique à l'honneur du Seigneur du ciel.

Ce grand prince nous faisait encore d'autres *grâces*, que des étrangers comme nous ne peuvent assez estimer : quand nous venions au palais, il nous recevait avec une bonté extrême, ou, quand il ne pouvait pas nous parler, il nous envoyait toujours faire quelque honnêteté. Au commencement de l'année, c'est la coutume de la Chine que l'empereur envoie aux grands seigneurs de sa cour deux tables, l'une couverte de viandes, et l'autre de fruits et de confitures. Il nous faisait les mêmes honneurs, et nous invitait à son beau palais de Tchan-Tchun-yuen, pour y voir les feux d'artifice.

Nous eûmes en ce temps-là deux sujets d'affliction qui nous causèrent bien de l'inquiétude, mais dont il plut à la miséricorde divine de nous délivrer. Nous pensâmes perdre l'illustre *Sosan*, si respecté par toute la Chine, pour l'estime que l'empereur fait de son mérite, et si digne d'être honoré de toutes les personnes zélées, pour la protection qu'il a toujours donnée à la religion. Il tomba malade et nous envoya quérir. Nous fûmes sensiblement affligés de le trouver dans un état très-dangereux ; mais nous le fûmes bien davantage le lendemain, quand nous le vîmes souffrant des douleurs très-aiguës par tout le corps, et prêt à succomber à la violence de son mal. Il nous tendait la main avec des démonstrations d'une affection tendre; mais il ne pouvait parler, tant il était accablé. L'empereur, ayant appris qu'il se mourait, lui fit l'honneur de le venir visiter le troisième jour, et de lui offrir tout ce qu'il avait de remèdes. Nous ne le vîmes point ce jour-là ni les jours suivants, parce qu'on l'avait transporté dans les appartements les plus intérieurs de sa maison, où les femmes demeurent. Il était bien douloureux pour nous, après toutes les obligations que nous avions à ce seigneur, de le voir mourir sans baptême, lui qui avait été le protecteur de notre sainte religion, et qui nous avait si souvent dit qu'il n'adorait que le Seigneur du ciel.

Nous allions l'un après l'autre demander chaque jour de ses nouvelles, et nous instruisions un de ses domestiques, qui était chrétien, de ce qu'il fallait lui dire de notre part sur la religion; mais cet homme, après quelques jours, nous répondit qu'il ne pouvait plus lui parler seul, ni même s'approcher de lui, parce que les femmes ne le quittaient pas un moment. Dieu exauça les prières que nous lui adressions pour ce seigneur, il nous le rendit; et il vint quelque temps après, dans notre église, le remercier de la santé qu'il lui avait rendue. C'était un dimanche matin, dans le temps que tous les chrétiens étaient assemblés à l'église et qu'ils y faisaient leur prière; il y entra, se mit à genoux, et fit plusieurs inclinations jusqu'à terre; après quoi il vint nous visiter dans nos chambres, et nous remercier de la part que nous avions prise à sa maladie.

Nous pensâmes perdre aussi le père *Gerbillon*, que l'empereur avait envoyé en Tartarie, avec le père Thomas, pour en faire une carte exacte. Il tomba malade vers la source du Kerlon, à plus de trois cents lieues de Pékin. Sa maladie, qui était accompagnée d'un dégoût affreux et d'un vomissement continuel, le réduisit bientôt à une si grande extrémité, qu'il crut mourir. Il s'y prépara donc, après nous avoir écrit ses derniers sentiments. Il fallut, tout accablé qu'il était, qu'il reprît le chemin de Pékin ; et comme il n'avait plus assez de force pour se tenir à cheval, on le coucha sur un chariot de bagage, où il souffrit beaucoup, durant trois cents lieues, et de son mal et des plus violentes secousses, outre que le chariot versa plusieurs fois durant le voyage. Il serait mort infailliblement, sans les soins que prit de lui un seigneur, aujourd'hui le premier colao de la Chine, et qui avait été envoyé en Tartarie, pour juger et terminer tous les différends des Kalkas de ce pays-là, qui sont sujets de l'empire.

Nous le reçûmes avec une extrême joie, et il se rétablit doucement à Pékin : mais un mois après, voulant sortir pour la première fois, un accident plus fâcheux pensa nous l'enlever subitement. Comme il montait à cheval à la porte, ayant un pied dans l'étrier et le corps en l'air, il fut frappé tout à coup d'apoplexie. Il tomba entre les bras de nos domestiques, qui le rapportèrent dans la première cour. Etant accourus au bruit, le père de Visdelou et moi, nous le trouvâmes sans connaissance et sans sentiment, la tête penchée sur l'estomac, avec un râlement qui nous paraissait le pronostic d'une mort très-prochaine. Dieu sait quelle fut notre douleur, en le voyant dans ce triste état! Pendant qu'on le portait à sa chambre, le père de Visdelou alla prendre les saintes huiles, et moi les remèdes dont nous avions expérimenté si souvent les merveilleux effets. Je lui en fis avaler deux prises avec bien de la peine, pendant que le père de Visdelou se préparait à lui donner l'extrême-onction. Il revint un peu à lui, et nous reconnut; mais un moment après il perdit encore connaissance. Nous redoublâmes nos prières; enfin le remède qu'on lui avait donné fit de si grands effets, qu'il se trouva guéri une ou deux heures après l'avoir pris; mais il lui resta une si cruelle insomnie, qu'il ne pouvait prendre aucun repos; ce qui nous causait une nouvelle inquiétude. Un médecin chinois l'en délivra, et Dieu nous l'a conservé depuis ce temps-là en parfaite santé, pour le bien de la religion, à laquelle il a rendu et rend encore tous les jours des services très-considérables.

TROISIÈME LETTRE.

Formation de l'île de Tson-Ming. — Habitants. — Productions. —
Vin de riz. — Poissons.

Mon révérend père, l'île de *Tson-Ming*, qui est le lieu de ma mission, n'est séparée de la province de Nankin que par un bras de mer qui n'a pas plus de cinq ou six lieues. On assure qu'elle s'est formée peu à peu des terres que le *Kiang*, grand fleuve qui passe à Nankin, a entraînées des diverses provinces qu'il arrose. C'était anciennement un pays sauvage et désert où on reléguait les bandits et les scélérats dont on voulait purger l'empire. Les premiers qu'on y débarqua défrichèrent cette terre inculte, et la semèrent de grains qu'ils avaient apportés. Au bout de quelques années, elle devint si fertile qu'elle leur fournit abondamment de quoi vivre. Bientôt quelques familles du continent s'y transplantèrent, et partagèrent entre elles tout le terrain. Ces familles en appelèrent d'autres à qui elles cédèrent à perpétuité une partie des terres, à condition néanmoins qu'elles payeraient tous les ans une rente proportionnée à la récolte. L'île de Tson-Ming n'était pas alors aussi étendue. Plusieurs petites îles s'y réunirent insensiblement, et formèrent toutes ensemble un terrain continu, qui a aujourd'hui environ vingt lieues de longueur, et cinq à six lieues de largeur, s'étendant du sud-est au nord-ouest.

Il n'y a dans tout le pays qu'une ville, qui est du troisième ordre; elle est petite; elle a une enceinte de murailles fort hautes, appuyées de bonnes terrasses, et entourées de fossés. La campagne est coupée d'un nombre infini de canaux propres à recevoir les eaux du ciel qui s'y amassent et qui ensuite s'écoulent dans la mer. Le terrain y est uni, et on n'y voit point de montagnes. L'air y est tempéré et sain, quoique les pluies qui tombent en abondance le rendent fort humide. Si les pluies arrivent avec les grandes marées, il y a inondation, ce qui rend l'eau des puits très-mauvaise à boire. Mais on recueille l'eau qui tombe du ciel dans de grands vases de terre, où elle se purifie et se conserve.

Le grand froid n'y dure pas plus de douze jours; la neige qui couvre alors la terre n'y est jamais fort haute, et elle se fond aux premiers rayons du soleil. La chaleur, qui y dure près de deux mois, serait excessive, si elle n'était modéré de temps en temps par des vents et par des pluies d'orage accompagnées d'éclairs et de tonnerre. Il ne se passe point d'années qu'il n'y ait des maisons consumées par le feu du ciel, et que la foudre n'écrase quelques-uns de ces insulaires. Les infidèles regardent ces accidents comme des châtiments du ciel; et, quelque chose qu'on leur dise à cet égard, on ne saurait leur ôter de l'esprit que ceux qui sont ainsi frappés de la foudre ne soint de méchantes gens et indignes de vivre.

Outre cela, il vient deux ou trois fois l'année du côté du nord-est des coups de vent terribles, que les gens du pays appellent *pao-fong*, c'est-à-dire vents cruels, tyrannie de vent. Rien ne leur résiste; arbres, maisons, tout est renversé : ils ruinent entièrement les travaux des gens de la campagne, et détruisent l'espérance des plus abondantes récoltes ; et malheur aux vaisseaux qui se trouvent alors sur les côtes de la Chine ! Il est rare qu'ils échappent au naufrage. Nos insulaires se souviendront long-temps des désordres que causa un de ces ouragans, sous le règne actuel. Il s'éleva dès le matin un vent violent : sa fureur augmenta durant la nuit, et la mer en fut tellement agitée, qu'elle franchit ses bornes, et se répandit à plus d'une lieue d'ans l'île. Toute la récolte de l'année fut perdue; les maisons furent traversées; des milliers d'hommes, de femmes et d'enfants furent engloutis dans les eaux : il ne se sauva que peu de personnes, qui eurent assez de force pour gagner la terre à la nage, ou qui eurent l'adresse de grimper au plus haut des arbres. Ce qu'il y eut encore de cruel, c'est que cette inondation infecta tellement une partie du pays, qu'il périt presque autant de monde l'année suivante dans les lieux voisins, où la mer n'avait pas pénétré.

Au reste, le pays est fort agréable. D'espace en espace on voit de gros bourgs. où il y a quantité

de boutiques de marchands, qui ont en abondance
tout ce qu'on peut désirer. Il y a entre chaque bourg
autant de maisons répandues ça et là dans la campagne, qu'il y a de familles occupées au labour. Ces
maisons ne sont rien moins que magnifiques, à la
réserve de celles des riches, qui sont bâties de briques
et couvertes de tuiles; toutes celles des gens du
commun n'ont qu'un toit de chaume, et sont con-
struites de simples roseaux entrelacés les uns dans les
autres. Les arbres plantés de côté et d'autre le long
des fossés pleins d'eau vive qui environnent les maisons, leur donnent un agrément qu'elles n'ont pas
d'elles-mêmes. Les grands chemins, qui sont fort
étroits, parce que le terrain y est extrêmement ménagé, sont bordés de petites maisons de marchands
qui vendent des rafraîchissements aux voyageurs.
On s'imagine que toute l'île n'est qu'un seul village
d'une étendue immense.

Cette île, qui n'est pas d'une étendue proportionnée au nombre de ses habitants, produit pourtant
abondamment de quoi les nourrir tous; mais, étant
aussi peuplée, on n'y trouve point de gibier. La chair
de cochon est la plus commune, et en même temps
la plus estimée : elle est en effet meilleure qu'en Europe. Il y a de grosses oies, des canards domestiques
et des poules. En hiver, les côtes de la mer sont toutes
couvertes de canards sauvages qu'on prend dans des
piéges. On nourrit aussi quantité de buffles, mais ils
ne servent qu'au labour. Ces animaux, quoique
d'une force et d'une grandeur extraordinaires, sont

cependant si dociles et si traitables, qu'un jeune enfant s'en rend le maître, et les conduit partout où il veut. Les chevaux sont rares ; il n'y a que quelques gens riches qui en aient, plutôt pour affecter un certain faste que pour s'en servir. De gros ânes sont la monture ordinaire, même des personnes les plus distinguées.

La terre y porte peu de fruits. On y voit de gros citrons auxquels on ne touche point : ils ne servent que d'ornements dans les maisons ; on en met sept ou huit sur un plat de porcelaine, et cela uniquement pour divertir la vue et pour flatter l'odorat. Il y a encore de petites oranges aigres propres à assaisonner les viandes ; des abricots qu'on pourrait manger, si l'on se donnait le temps de les laisser mûrir sur l'arbre ; de grosses pêches, qui ne sont guère moins bonnes que celles d'Europe, mais dont il faut user sobrement, parce qu'elles donnent la dysenterie, qui est mortelle ici. Le meilleur fruit, c'est le *setse*. Il est de la grosseur de nos pommes ; sa peau est fine, unie et délicate ; elle couvre une chair molle et rouge, dans laquelle se trouvent deux ou trois noyaux longs et aplatis. Il est agréable au goût, fort rafraîchissant, et ne nuit point à la santé. On voit aussi de gros melons d'eau, qu'on appelle *melons d'Occident* : la chair en est rouge, et remplie d'une eau fraîche et sucrée, qui désaltère dans les grandes chaleurs.

Enfin, dans toutes les saisons de l'année, il croît toutes sortes d'herbes et de légumes qu'on ne connaît point en Europe. De la graine de ces herbes on fait une huile qui tient lieu de beurre, et qui est d'un grand usage pour les sauces. Les cuisiniers de France, qui ont le plus raffiné sur ce qui peut réveiller l'appétit, seraient surpris de voir que les Chinois ont porté l'invention en matière de ragoût encore plus loin qu'eux, et à bien moins de frais. On aura peine à croire qu'avec de simples *fèves* qui croissent dans leur pays, ou qui leur viennent de Chan-Tong, et avec de la farine qu'ils tirent de leur riz et de leur blé, ils préparent une infinité de mets tous différents les uns des autres à la vue et au goût.

Le terroir ne souffre point de vignes ; cependant toute l'île a du vin en abondance. Outre celui que les mandarins font venir du dehors pour leur table, les insulaires ont trouvé le secret d'en faire d'assez bon d'une espèce particulière de riz différent de celui dont ils se nourrissent. Ils laissent tremper le riz dans l'eau, avec quelques ingrédients qu'ils y jettent, pendant vingt et quelquefois trente jours : ils le font cuire ensuite : quand il s'est liquéfié au feu, il fermente aussitôt, et se couvre d'une écume vaporeuse assez semblable à celle de nos vins nouveaux : sous cette écume se trouve un vin très-pur : on le tire à clair, et on le verse dans des vases de terre bien vernissés. De la lie qui reste, on fait une eau-de-vie qui n'est guère moins forte que la nôtre.

La situation de l'île ferait juger que la plupart de ses habitants s'occupent de la pêche ; néanmoins il y en a très-peu qui soient pêcheurs de profession. Le poisson, qu'on y trouve de toute espèce, vient de la terre ferme. Un de ceux que les Chinois estiment davantage, pèse environ quarante livres; ils l'appellent *l'encuirassé*, parce qu'il a sur le dos, sous le ventre et aux deux côtés, une suite d'écailles tranchantes, rangées en ligne droite, et posées les unes sur les autres à peu près comme sont les tuiles sur nos toits. C'est un poisson excellent, dont la chair est fort blanche, et qui ressemble assez à celle du veau pour le goût. Il en est un autre fort délicat que les gens du pays appellent *poisson de farine*, à cause de son extrême blancheur, et parce que ses prunelles noires semblent être enchâssées dans deux petits cercles d'argent fort brillants. Il y en a dans ces mers une quantité si prodigieuse, qu'on en tire jusqu'à quarante livres pesant d'un seul coup de filet. Mais, à mon sens, le meilleur poisson qui soit dans toute la Chine, est celui qui approche assez de nos *brames de mer*, et pèse cinq à six livres. Une quatrième espèce de poisson frais est celle qu'on nomme *le poisson jaune*, à cause de sa couleur. Il ressemble aux morues de Terre-Neuve. Il n'est pas croyable combien il s'en consomme. On le vend à très-vil prix, quoique les marchands ne puissent l'aller chercher sans s'engager dans beaucoup de frais : car il leur faut d'abord acheter du mandarin la permission de faire ce commerce, louer ensuite un vaisseau, aller à vingt lieues dans les terres, acheter de la glace dont on fait des magasins durant l'hiver pour ce trafic, enfin acheter le poisson à mesure qu'on le tire du filet, et l'arranger dans le fond de cale du vaisseau sur des couches de glace, de la même manière qu'à Dieppe on arrange les harengs dans des tonnes. C'est par ce moyen que, malgré les plus grandes chaleurs, ce poisson se transporte dans des ports éloignés, et y arrive aussi frais que s'il sortait de la mer. Il est aisé de juger combien cette pêche doit être abondante, puisque le poisson se vend à si bon compte, nonobstant la dépense que font les marchands qui l'apportent. Cependant il ne peut pas suffire à la consommation de l'île ; on y fait venir encore une quantité surprenante de poisson salé des côtes de la mer, qui s'étendent depuis l'embouchure du Kiang jusqu'à la province de Chang-Tong. C'est là que de gros poissons, venant de la mer ou du fleuve Jaune, se jettent dans de vastes plaines toutes couvertes d'eau : tout y est disposé de telle sorte, que les eaux s'écoulent aussitôt qu'ils y sont entrés. Le poisson demeurant à sec, on le prend sans peine, on le sale, on le vend aux marchands de l'île, qui en chargent leurs vaisseaux à peu de frais.

Depuis vingt à trente ans, la mer a tellement rongé le terrain de l'île la plus proche du continent, qu'il a fallu rebâtir à plus d'une lieue dans les terres les maisons riveraines. Ce qu'elle a dérobé d'un côté, elle l'a restitué de l'autre : en sorte qu'on voit à présent de vastes campagnes ensemencées, où auparavant l'on ne voyait que des barques.

Il y a trois sortes de terres dans l'île, d'un rapport bien différent. La première est à peu près comme nos prairies ; les roseaux qui y croissent sont d'un revenu très-considérable. On les emploie ou à bâtir ou au chauffage du pays et des côtes voisines. La seconde espèce produit tous les ans deux récoltes ; l'une de grains, l'autre de riz ou de coton. Les grains sont le froment, l'orge et une espèce de blé barbu, qui, bien que semblable au seigle, est pourtant d'une autre nature.

Culture du riz, du coton. —Terre à sel. — Monnaie de l'île. — Nobles lettrés. — Peuples. — Procès et bastonnade.

La *culture du riz* est la plus pénible. Dès le commencement de juin, les insulaires inondent les campagnes ; ils donnent à la terre trois ou quatre labours consécutifs, et l'unissent afin que l'eau se répande partout à une égale hauteur. Alors ils arrachent le riz qu'un mois auparavant ils avaient semé fort épais dans un autre canton, et ils le transplantent plus clair dans le terroir préparé. Quand il paraît ils arrachent les mauvaises herbes et veillent, dans les grandes chaleurs, à ce que les champs soient toujours inondés des eaux de la mer qui remplissent leurs canaux. Ce qu'il y a de surprenant, c'est que ces eaux qui sont salées pendant tout le reste de l'année, deviennent douces et propres à fertiliser leurs terres, précisément au temps qu'ils en ont besoin pour les cultiver.

La *récolte du coton* demande moins de soins et de fatigues. Le jour même qu'ils ont moissonné leurs blés, ils sèment le coton dans le même champ, et ils se contentent de remuer avec un râteau la surface de la terre. Quand cette terre a été humectée par la pluie ou par la rosée, il se forme peu à peu un arbrisseau de la hauteur de deux pieds. Les fleurs paraissent en août ; elles sont jaunes, et quelquefois rouges. A cette fleur succède un petit bouton, en forme de gousse de la grosseur d'une noix. Le quarantième jour, cette gousse s'ouvre d'elle-même en trois endroits, et montre trois ou quatre petites enveloppes de coton d'une blancheur extrême, et de la figure des coques de vers à soie. Elles sont attachées au fond de la gousse ouverte, et contiennent les semences de l'année suivante. Comme toutes les fibres sont attachées aux semences, on se sert d'un rouet pour les en séparer. Ce rouet a deux rouleaux fort polis, l'un de bois, et l'autre de fer, de la longueur d'un pied et de la grosseur d'un pouce. Ils sont tellement appliqués l'un à l'autre, qu'il n'y paraît aucun vide : tandis qu'une main donne le mouvement au premier de ces rouleaux, et que le pied le donne au second, l'autre main leur applique le coton, qui se détache par le mouvement, et passe d'un côté, pendant que la semence reste nue et dépouillée de l'autre. On carde ensuite le coton, on le file, et on en fait des toiles.

La troisième sorte de terre est stérile en apparence ; cependant elle est d'un plus grand revenu que toutes les autres. C'est une terre grise répandue par arpents dans divers cantons de l'île. On en tire une si grande quantité de *sel*, que non-seulement l'île en fait sa provision, mais qu'on en fournit encore ceux de la terre ferme qui viennent en chercher secrètement pendant la nuit. Ils l'achètent à un prix modique à cause des risques qu'ils courent ; car s'ils sont surpris par les mandarins, leurs barques et leur sel sont confisqués, et de plus ils sont condamnés, selon les lois, à quatre ou cinq années de galère. Il y a cependant pour ceux qui sont découverts un moyen infaillible d'éviter le châtiment ; qu'un des amis du coupable, en saluant le mandarin, fasse glisser adroitement dans sa botte une dizaine de pistoles, le mandarin juge dit aussitôt qu'il s'est trompé, et que ce n'était point du sel qui était dans la barque. Il serait assez difficile d'expliquer comment certaines portions de terre, dispersées dans tout un pays, se trouvent si remplies de sel, qu'elle ne produisent pas un seul brin d'herbe, tandis que d'autres terres, qui leur sont contiguës, sont très-fertiles en blé et en coton. Il arrive même souvent que celles-ci se remplissent de sel, tandis que les autres deviennent propres à être ensemencées ; ce sont là de ces secrets de la nature que l'esprit humain s'efforcerait vainement de pénétrer, et qui doivent servir à lui faire admirer de plus en plus la grandeur et la puissance de l'auteur même de la nature.

Quand à la manière dont se tire le sel de la terre dont je parle, la voici : On unit d'abord cette terre comme une glace, et on l'élève en talus, afin d'empêcher que les eaux ne s'y arrêtent. Quand le soleil en a séché la surface, et qu'elle paraît toute blanche des particules de sel qui y sont attachées, on l'enlève, et on la met en divers monceaux qu'on a soin de bien battre de tous côtés, afin que la pluie ne puisse pas s'y insinuer. Ensuite on étend cette terre sur de grandes tables un peu penchées, et qui ont des bords de quatre ou cinq doigts de hauteur; puis on verse dessus une certaine quantité d'eau douce, laquelle, pénétrant partout, entraîne en s'écoulant toutes les particules de sel dans un grand vase, où elle tombe goutte à goutte par un petit canal fait exprès. La terre ainsi épurée et sèche, on la réduit en poussière, après quoi on la répand sur le terrain d'où elle a été tirée : elle n'y a pas demeuré sept à huit jours, qu'il s'y mêle, comme auparavant, une infinité de particules de sel, qu'on tire encore une fois de la même manière que je viens d'expliquer. Pour les eaux salées, on les fait bouillir dans de grands bassins de fer forts profonds, qui se posent sur un fourneau de terre, percé de telle sorte, que la flamme se partage également sous les bassins, et s'exhale en fumée par un long tuyau dressé en forme de cheminée à l'extrémité du fourneau. Quand ces eaux ont bouilli quelque temps, elles s'épaississent, et se changent peu à peu en un sel très-blanc, qu'on remue sans cesse avec une large spatule de fer, jusqu'à ce qu'il soit entièrement sec.

Le grand commerce qui se fait dans l'île sert aussi à faire subsister la multitude inconcevable de ses habitants. Le commerce n'est interrompu qu'aux deux premiers jours de leurs première lune, qu'ils emploient aux divertissements et aux visites ordinaires de la nouvelle année. Hors de là tout est en mouvement dans la ville et à la campagne. Il n'y a pas jusqu'aux plus pauvres, qui, avec un peu d'économie, ne trouvent le moyen de subsister aisément de leur commerce. On voit quantité de familles qui n'ont pour tout fonds que cinquante sous ou un écu; et cependant le père, la mère, avec deux ou trois enfants, vivent de leur petit négoce, se donnent des habits de soie qu'ils portent aux jours de cérémonie, et amassent en peu d'années de quoi faire un commerce plus considérable. C'est ce qu'on a peine à comprendre, et c'est pourtant ce qui arrive tous les jours. Un de ces petits marchands qui se voit cinquante sous, achète du sucre, de la farine et du riz; il en fait de petits gâteaux qu'il fait cuire une ou deux heures avant le jour, pour allumer, comme on parle ici, le cœur des voyageurs. A peine sa boutique est-elle ouverte, que toute sa marchandise lui est enlevée par les villageois, qui, dès le matin, viennent en foule dans la ville; par les vendeurs de roseaux, par les ouvriers, les portefaix, les plaideurs et les enfants du quartier. Ce petit négoce lui produit, au bout de quelques heures, vingt sous au delà de la somme principale, dont la moitié suffit pour l'entretien de sa petite famille.

La monnaie de l'île est la même qui est en usage dans tout l'empire; elle consiste en divers morceaux d'argent de toutes sortes de figures qu'on pèse dans de petites balances portatives, et en des deniers de cuivre, enfilés dans de petites cordes, centaine par centaine, jusqu'au nombre de mille. La livre d'argent est du poids de deux de nos écus, il y en a du poids de six, de sept, et même de cinquante, d'autres de la valeur de deux cents cinquante de nos livres de France. Ces lingots sont toujours de l'argent le plus fin, et on les emploie pour payer les grosses sommes. La difficulté est de s'en servir dans le détail : il faut les mettre au feu, les battre, les aplatir ensuite à grands coups de marteau, afin de pouvoir les couper aisément par morceaux, et d'en donner le poids dont on est convenu : d'où il arrive que le paiement est toujours beaucoup plus long et plus embarrassant que n'a été l'achat. Ils avouent qu'il leur serait bien plus commode d'avoir, comme en Europe, des monnaies d'un prix fixe et d'un poids déterminé; mais ils disent que leurs provinces fourmilleraient aussitôt de faux monnayeurs ou de gens qui altéreraient les monnaies; et que cet inconvénient n'est plus à craindre, quand on coupe l'argent, à mesure qu'on en a besoin, pour payer le prix de ce qu'on achète.

Toute l'île se partage en quatre sortes de personnes. Le premier ordre est celui des mandarins, soit d'armes, soit de lettres. Le premier des mandarins d'armes a le même rang, et fait à peu près les mêmes fonctions que nos colonels. Il a sous lui quatre mandarins, dont l'emploi répond assez à celui de nos capitaines : quatre autres mandarins dépendent d'eux, et sont comme leurs lieutenants : ceux-ci en ont encore d'autres au-dessous d'eux, qu'on peut regarder comme leurs sous-lieutenants.

Chacun de ces mandarins a un train conforme à à sa dignité; et quand il paraît en public, il est tou_jours accompagné d'une escorte d'officiers de son tribunal. Tous ensemble commandent quatre mille hommes, partie cavalerie, partie infanterie. Les *soldats* sont du pays même; on leur paie de trois en trois mois la solde de l'empereur, qui est de cinq sous d'argent fin, et d'une mesure de riz par jour, ce qui suffit pour l'entretien d'un homme. Les cavaliers ont cinq sous de plus, et deux mesures de petites fèves pour nourrir les chevaux qui leur sont fournis par l'empereur. On fait de temps en temps la revue de ces troupes : alors on visite attentivement leurs chevaux, leurs fusils, leurs sabres, leurs flèches, leurs cuirasses et leurs casques de fer : pour peu qu'il y ait de rouille sur leurs armes, leur négligence est punie à l'heure même de trente ou quarante coups de bâton. On leur fait faire l'exercice, si l'on peut donner ce nom à une marche tumultueuse et sans ordre qu'ils font à la suite du mandarin. Hors de là il leur est libre de faire tel commerce qu'il leur plaît. Comme le métier de la guerre n'occupe pas beaucoup en Chine, bien loin qu'on soit obligé d'enrôler les soldats par force ou par argent, comme il se pratique en Europe, la profession militaire est regardée comme une fortune qu'on tâche de se procurer par la protection de ses amis ou par les présents qu'on fait aux mandarins.

Le premier des mandarins de lettres est le *gouverneur* de la ville et de tout le pays; c'est lui seul qui
administre la justice; il est chargé recevoir le tribut
que chaque famille paie à l'empereur. Il doit visiter
en personne les corps de ceux qui ont été tués dans
quelques démêlés, ou que le désespoir a portés à se
donner la mort. Deux fois le mois, il donne audience
aux vingt-sept chefs de quartiers de l'île; il distribue
les passe-ports aux barques et aux vaisseaux; il écoute
les plaintes et les accusations qui sont presque continuelles parmi un si grand peuple : tous les procès
viennent à son tribunal; il fait punir à grands coups
de bâton celui des plaideurs qu'il juge être coupable.
Enfin, c'est lui qui condamne à mort les criminels;
mais sa sentence, aussi bien que celle des autres
mandarins qui sont au-dessous de lui, ne peut être
exécutée qu'elle ne soit ratifiée par l'empereur; et
comme les tribunaux de la province, et encore plus
ceux de la cour, sont chargés d'une infinité d'affaires;
le criminel a toujours deux ou trois ans à vivre, avant
que l'arrêt de mort puisse être exécuté.

C'est encore au premier mandarin à donner ses
ordres, quand il faut demander de la pluie ou du
beau temps. Alors il fait afficher partout des ordon-
nances qui prescrivent un jeûne universel, et défend
aux bouchers et aux traiteurs de rien vendre sous des
peines grièves : cependant, quoiqu'ils n'étalent pas
la viande sur leurs boutiques, ils ne laissent pas d'en
vendre en cachette, moyennant quelque argent qu'ils
donnent sous main aux gens du tribunal, qui veillent

à l'observation de l'ordonnance. Le mandarin marche ensuite accompagné de quelques autres mandarins vers le temple de l'idole; il allume sur son autel deux ou trois petites baguettes de parfum, après quoi tous s'asseyent : pour passer le temps, ils prennent du thé; ils fument, ils causent une ou deux heures ensemble, et enfin ils se retirent. C'est ce qu'ils appellent demander de la pluie ou du beau temps.

Il y a deux ans que le vice-roi de la province, s'impatientant de voir que la pluie n'était point accordée à ses demandes réitérées, envoya un petit mandarin dire de sa part à l'idole que s'il n'y avait pas de pluie à tel jour qu'il désignait, il la chasserait de la ville et ferait raser son temple. Il faut bien que l'idole ne comprît pas ce langage, ou qu'elle ne s'effrayât pas beaucoup de ces menaces; car le jour marqué arriva sans qu'il y eût de pluie. Le vice-roi, offensé de ce refus, songea à tenir sa parole : il défendit au peuple de porter son offrande à l'idole; il ordonna qu'on fermât son temple, et qu'on en scellât les portes, ce qui fut exécuté sur-le-champ; mais, la pluie étant venue quelques jours après, la colère du vice-roi s'apaisa, et il fut permis de l'honorer comme auparavant.

Les *nobles* tiennent le second rang dans l'île. On appelle ainsi ceux qui ont été autrefois mandarins dans d'autres provinces; car on ne peut l'être dans son propre pays, soit qu'ils aient été cassés (et presque tous sont de ce nombre), soit que d'eux-mêmes ils aient quitté le mandarinat, avec l'agrément du prince, ou qu'ils y aient été forcés par la mort de leur père ou de leur mère; car un mandarin qui a fait une semblable perte doit aussitôt se dépouiller de sa charge, et donner par là une marque publique de sa douleur. On met encore au rang des nobles ceux qui, n'ayant pas eu assez de capacité pour parvenir aux degrés littéraires, se sont procuré par argent certains titres d'honneur, à la faveur desquels ils entretiennent avec les mandarins un commerce de visite, qui les fait craindre et respecter du peuple.

Le troisième ordre est celui des *lettrés*. On compte dans l'île près de quatre cents bacheliers (trois d'entre eux sont chrétiens, ainsi que deux bacheliers d'armes, sept ou huit licenciés, et trois ou quatre docteurs). Outre cela, il s'y trouve une infinité de gens d'étude qui, depuis l'âge de quinze à seize ans, jusqu'à celui de quarante, viennent tous les trois ans pour les examens au tribunal du gouverneur, qui leur donne le sujet de leurs compositions. Tous aspirent également au degré de bachelier, quoiqu'il y en ait peu qui y parviennent. C'est bien plutôt l'ambition que le désir de se rendre habiles, qui les soutient dans une si longue étude. Outre que le degré de bachelier les met à couvert des châtiments du mandarin, il leur donne le privilége d'être admis à son audience, de s'asseoir en sa présence, et de manger avec lui; honneur qui est infiniment estimé à la Chine, et qui ne s'accorde jamais à aucune personne du peuple.

Enfin le dernier ordre comprend tout le *peuple*. Il est surprenant de voir avec quelle facilité un seul mandarin le gouverne. Il publie ses ordres sur un simple carré de papier scellé de son sceau, qu'il fait afficher aux carrefours des villes et des villages, et il est aussitôt obéi. Il ordonna, l'an passé, qu'on creusât tous les canaux qui sont dans l'île; ses ordres furent exécutés en moins de quinze jours. Une si prompte obéissance vient de la crainte et du respect que le mandarin s'attire par la manière dont il conduit une si grande multitude. Il ne paraît jamais en public qu'avec un grand appareil; il est superbement vêtu; son visage est grave et sévère: quatre hommes le portent assis sur une chaise découverte, toute dorée; il est précédé de tous les gens de son tribunal, dont les bonnets et les habits sont d'une forme extraordinaire: ils marchent en ordre des deux côtés de la rue; les uns tiennent devant lui un parasol de soie; les autres frappent de temps en temps sur un bassin de cuivre, et d'espace en espace, avertissent à haute voix le peuple de se tenir dans le respect à son passage; quelques-uns portent de grands fouets, d'autres traînent de longs bâtons ou des chaînes de fer; le fracas de tous ces instruments fait trembler un peuple naturellement timide, et qui sait qu'il n'échapperait pas aux châtiments que lui ferait souffrir le mandarin s'il contrevenait publiquement à ses ordres. Il est vrai que les Chinois gardent dans les villages, comme à la ville, toutes les bienséances qui conviennent au rang de chacun, soit qu'ils marchent ensemble, ou qu'ils se saluent, ou bien qu'ils se rendent visite les uns aux autres. On en peut juger par les termes pleins de respect et de civilité dont ils usent en se parlant. En voici quelques-uns: quand on se donne quelque peine pour leur faire plaisir, ils disent: *Vous prodiguez votre cœur.* Si on leur a rendu quelque service : *Mes remercîments ne peuvent avoir de fin.* Pour peu qu'ils détournent une personne occupée : *Je vous suis bien importun,* ou, *c'est avoir fait une grande faute que d'avoir pris cette liberté.* Quand on les prévient de quelque honnêteté : *Je n'ose souffrir que vous preniez cette peine-là pour moi.* Si l'on dit quelque parole qui tourne tant soit peu à leur louange: *Comment oserai-je croire de telles choses de moi?* Lorsqu'ils conduisent un ami à qui ils ont donné à manger: *Nous vous avons bien mal reçu, nous vous avons bien mal traité.* Ils ont toujours à la bouche de semblables paroles, qu'ils prononcent d'un ton affectueux; mais je ne voudrais pas répondre que le cœur y eût beaucoup de part.

Il n'y a guère de peuple qui craigne davantage la mort, quoique plusieurs se la procurent, surtout parmi les personnes du sexe; mais ils appréhendent encore plus de manquer de *cercueil.* Il est étonnant de voir jusqu'où va leur prévoyance sur cet article; tel qui n'aura que neuf ou dix pistoles, les emploiera à se faire construire un cercueil plus de vingt ans avant qu'il en ait besoin, et il le regarde comme le meuble le plus précieux de sa maison.

Je n'ai point vu de nation plus curieuse que celle des Chinois: ils veulent tout voir et tout entendre. Du reste, ils sont doux et paisibles quand on ne les irrite pas; mais violents et vindicatifs à l'excès quand ils ont été offensés. En voici un exemple: il y a trois ans, nos insulaires s'aperçurent que le mandarin avait détourné à son profit du riz que l'empereur, dans un temps de stérilité, envoyait pour être distribué à chaque famille de la campagne. Ils l'accusèrent à un tribunal supérieur, et prouvèrent que de quatre cents charges de riz qu'il avait reçues, il n'en avait donné que quatre-vingt-dix. Le mandarin fut cassé sur l'heure de son emploi; quand il sortit de la ville, il fut bien surpris de ne point trouver à son passage ni tables chargées de parfums, comme c'est la coutume, ni personne qui tirât ses bottes pour lui en chausser de nouvelles. Il était environné d'une foule prodigieuse de peuple, mais ce n'était rien moins que pour lui faire honneur; c'était pour l'insulter et pour lui reprocher son avarice. Les uns l'invitèrent par dérision à demeurer dans le pays, jusqu'à ce qu'il eût achevé de manger le riz que l'empereur lui avait confié pour le soulagement des peuples; d'autres le tirèrent hors de sa chaise et la brisèrent; plusieurs se jetèrent sur lui, déchirèrent ses habits, et mirent en pièces son parasol de soie. Tous le suivirent jusqu'au vaisseau, en le chargeant d'injures et de malédictions.

Hors de ces sortes d'occasions, qui sont rares, les Chinois sont fort traitables, et ont un profond respect pour les personnes qui ont sur eux quelque autorité. Ils sont d'ordinaire assez avides de louange, surtout les petits lettrés; mais il me paraît qu'ils le sont encore plus d'argent: l'on ne doit jamais leur en confier qu'après avoir pris de sages précautions ; encore y est-on souvent trompé.

Il y a un certain canton de l'île où les peuples aiment les *procès* de telle sorte, qu'ils engagent leurs maisons, leurs terres, leurs meubles, tout ce qu'ils ont, seulement pour avoir le plaisir de plaider, et de faire donner une quarantaine de coups de bâton à leur ennemi. Il arrive quelquefois que celui-ci, moyennant une plus grosse somme qu'il donne sous main au mandarin, a l'adresse d'éluder le châtiment et de faire tomber les coups sur le dos de son accusateur. De là naissent entre eux des haines mortelles, qu'ils conservent jusqu'à ce qu'ils en aient tiré vengeance, en mettant le feu pendant la nuit à la maison de leur ennemi, qui se souvient alors des coups de bâton qu'il a fait donner. Selon les lois, ceux qui sont convaincus du crime d'incendie doivent être punis de mort.

A la Chine, quand les affaires d'un particulier sont dérangées, six de ses amis s'unissent ensemble afin de le secourir, et forment avec lui une *société* qui doit durer sept ans. Ils contribuent d'abord, les uns plus, les autres moins, jusqu'à la concurrence d'une certaine somme. Par exemple, ils lui feront la première année une avance de 60 pistoles, dont il peut tirer un gros profit dans le commerce. Pour faire cette somme, ils se taxent chacun pour toutes les années de la manière suivante : d'abord celui qu'on veut assister tient le premier rang dans la société ; car c'est pour lui qu'elle se forme ; le second des associés débourse 15 pistoles, le troisième 15, le quatriéme 11, le cinquième 9, le sixiéme 7, et le septième 5. Cette première année finie, ce ne serait pas un grand service qu'ils rendraient à leur ami commun, s'ils l'obligeaient à rembourser l'argent qu'on lui a avancé, ou s'ils en retiraient la rente à perpétuité; que font-ils donc? Ils le taxent à son tour à 15 pistoles, qu'il doit fournir pendant chacune des six années qui restent; ce qui ne l'incommode pas beaucoup, puisque ce n'est qu'une partie du profit qu'il a dû retirer de la somme capitale de 60 pistoles dont on l'a gratifié. La seconde année, tous les associés fournissent leur contingent à l'ordinaire, et celui d'entre eux qui, l'année d'auparavant, avait avancé 15 pistoles, en reçoit 60, et il en fournit 15 les années suivantes. La troisième année, c'est le troisième des associés qui reçoit les 60 pistoles, et qui ensuite en débourse 11, tant que la société dure, et ainsi du reste. Chacun des associés reçoit à son tour la somme de 60 pistoles, plus tôt ou plus tard, selon qu'il a déboursé plus ou moins chaque année. Ainsi, quand les sept années sont accomplies, celui en faveur duquel la société a été formée se trouve avoir la somme principale de 60 pistoles, sans aucune charge, outre que cette somme lui a rapporté chaque année beaucoup plus que les 15 pistoles qu'il a été obligé de débourser.

Quoique la taxe imposée à chacun des associés soit inégale, et que les premiers déboursent plus chaque année que les derniers, cependant les Chinois estiment que la condition de ceux-là est beaucoup plus avantageuse que celle des autres, parce qu'ils reçoivent plus tôt la somme de 60 pistoles, et que le gros denier qu'ils en retirent dans le commerce les dédommage bien des avances qu'ils ont faites. Je suis, etc.

QUATRIÈME LETTRE.

Porcelaine de la Chine,

Mon révérend père, le séjour que je fais de temps en temps à *King-te-Tching*, pour les besoins spirituels de mes néophytes, m'a donné lieu de m'instruire de la manière dont s'y fait cette belle *porcelaine* qui est si estimée, et qu'on transporte dans toutes les parties du monde. C'est uniquement *King-te-Tching* qui fabrique cette porcelaine, que le Japon même vient acheter à la Chine.

Il ne manque à King-te-Tching qu'une enceinte de murailles pour avoir le nom de *ville*. On y compte dix-huit cents familles, et plus d'un million d'âmes, qui occupent une grande lieue de longueur, sur le bord d'une belle rivière. Ce n'est point un tas de maisons, comme on pourrait se l'imaginer : les rues sont tirées au cordeau, se coupent et se croisent à certaines distances : tout le terrain y est occupé ; les maison n'y sont même que trop serrées et les rues trop étroites. Le nombre des fourneaux à porcelaine est présentement de trois mille. Il n'est pas surprenant qu'on y voie souvent des incendies : c'est pour cela que le *génie du feu* y a plusieurs temples. Cependant le culte et les honneurs qu'on rend à ce génie ne rendent pas les embrasements plus rares : il y a peu de temps qu'il y eut huit cents maisons de brûlées ; mais elles ont été bientôt rétablies ; car le profit qui se tire du louage des boutiques rend extrêmement actif à réparer ces sortes de pertes. Dans tous les temps, à l'entrée de la nuit, les tourbillons de flamme et de fumée qui sortent des fourneaux offrent le spectacle d'une ville tout en feu, ou d'une grande fournaise qui a plusieurs soupiraux.

Ce lieu si peuplé, où il y a tant de richesses, ou une infinité de barques abordent tous les jours, est gouverné par un seul mandarin ; mais la police y est admirable : chaque rue a un chef établi par le mandarin ; et si elle est un peu longue, elle en a plusieurs. Chaque chef a dix subalternes qui répondent chacun de dix maisons. Ils doivent accourir au premier tumulte et l'apaiser, sous peine de la bastonnade, qui se donne ici fort libéralement. Souvent ils ont beau avoir mis tout en œuvre pour le calmer, on est toujours disposé à juger qu'il y a de leur faute, et ils reçoivent le châtiment.

Matière e porcelaine.

La *matière* de la porcelaine se compose de deux sortes de terres, l'une appelée *pe-tun-tsé*, laquelle est parsemée de corpuscules qui ont quelque éclat; l'autre, qu'on nomme *kao-lin*, est simplement blanche et très-fine au toucher. King-te-Tching ne produit pas ces terres; on va les chercher à vingt ou trente lieues dans la province de Nankin.

La bonne pierre qui donne la terre, dite *pe-tun-tsé* doit tirer un peu sur le vert. On se sert de massues de fer pour la casser et de mortiers à leviers pour la réduire en poudre. On jette cette poussière dans une urne remplie d'eau, et on la remue fortement. Quand on l'a laissé reposer quelques moments, il surnage une espèce de crême épaisse qu'on enléve et qu'on verse dans un autre vase plein d'eau. On agite plusieurs fois l'eau de la première urne, recueillant à chaque fois le nuage qui s'est formé, jusqu'à ce qu'il ne reste plus que le gros marc, qu'on pile de nouveau.

A l'égard de la seconde urne, on attend qu'il se soit formé au fond une espèce de pâte: lorsque l'eau paraît au-dessus fort claire, on la verse sans troubler le sédiment; puis on jette cette pâte dans de grands moules propres à la sécher, et on la partage en petits carreaux. Les moules sont des espèces de caisses, dont le fond est rempli de briques placées de telle sorte que la superficie soit égale. On étend dessus une grosse toile, puis on verse la matière, qu'on couvre peu après d'une autre toile, sur laquelle on met un lit de briques pour exprimer l'eau.

Le kao-lin demande un peu moins de travail que le pe-tun-tsé: on le trouve par grumeaux dans des mines, et on en fait aussi des carreaux, en observant la même méthode que pour les pe-tun-tsé. C'est du kao-lin que la porcelaine tire toute sa fermeté: ainsi c'est le mélange d'une terre molle qui donne de la force aux pe-tun-tsé, lesquels se tirent des plus durs rochers.

L'huile qui donne à la porcelaine sa blancheur et son éclat s'appelle *tsi*, qui signifie *vernis*; elle se tire de la pierre la plus dure, qui sert aux pe-tun-tsé, en faisant choix pourtant de celle qui est la plus blanche et dont les taches sont les plus vertes. Il faut d'abord bien laver cette pierre, après quoi on y apporte les mêmes préparations que pour le pe-tun-tsé. Quand on a dans la seconde urne ce qui a été tiré de plus pur de la première, sur cent livres de cette crême, on jette une livre d'un minéral semblable à l'alun, nommé *che-kao*. Il faut le faire rougir au feu, et ensuite le piler; c'est comme la présure qui lui donne de la consistance, quoiqu'on ait soin de l'entretenir toujours liquide.

Cette huile de pierre ne s'emploie jamais seule; on y en mêle une autre qui se compose en prenant de gros quartiers de chaux vive, sur lesquels on jette un peu d'eau pour les dissoudre et les réduire en poudre.

<table>
<tr><td>I.</td><td>7</td></tr>
</table>

Ensuite on fait une couche de fougère sèche, sur laquelle on met une autre couche de chaux amortie.
On en met ainsi plusieurs alternativement les unes
sur les autres, après quoi on met le feu à la fougère.
Lorsque tout est consumé, l'on partage ces cendres sur
de nouvelles couches de fougère sèche : cela se fait au
moins cinq ou six fois de suite ; on peut le faire plus
souvent, et l'huile en est meilleure.

Quand on a des cendres en certaine quantité, on
les jette dans une urne pleine d'eau. Sur cent livres,
il faut y dissoudre une livre de *che-kao*, bien agiter
cette mixtion, ensuite la laisser reposer jusqu'à ce
qu'il paraisse à la surface une croûte qu'on ramasse,
et qu'on jette dans une seconde urne, et cela à plusieurs reprises. Quand il s'est formé une espéce de
pâte au fond de la seconde urne, on en verse l'eau ;
on conserve ce fond liquide, et c'est la seconde huile.
Pour un juste mélange, il faut que ces deux espèces
de purée soient également épaisses : quant à la quantité, le mieux qu'on puisse faire, c'est de mêler dix
mesure d'huile de pierre avec une mesure d'huile faite
de cendre, de chaux et de fougère.

Fabrication de la porcelaine. — Vernis. — Peinture. — Dorure.

Avant de dire comment ce vernis s'applique, il est
à propos de décrire comment se forme la porcelaine.
Le premier travail consiste à purifier le pe-tun-tsé et
le kao-lin du marc qui y reste. On brise le pe-tun tsé

et on le jette dans l'eau, où on le remue pour le dissoudre : on le laisse reposer, et on ramasse ce qui surnage. Pour le kao-lin, il n'est pas nécessaire de le briser : on le met dans un panier fort clair, qu'on enfonce dans l'eau, où il se fond. Il reste un marc qu'il faut jeter. Ces deux matières ainsi préparées, on les mélange par moitié pour les porcelaines fines, par quatre quarts sur six pour les moyennes, par une partie de kao-lin sur trois de pe-tun-tsé pour les communes. On jette le mélange dans un grand creux, pavé et cimenté ; on le foule et on le pétrit jusqu'à ce qu'il se durcisse. Ensuite on en tire des morceaux sur de larges ardoises, on les pétrit et on les roule en tous les sens, observant qu'il ne s'y trouve ni vide, ni corps étranger. Un cheveu, un grain de sable perdrait tout l'ouvrage.

Tous les ouvrages unis se font à la roue. Une tasse, au sortir de la roue, est reçue par un second ouvrier qui l'asseoit sur sa base ; un troisième l'applique sur son moule et lui en imprime la figure. Ce moulé est sur une espèce de tour. Un quatrième ouvrier la polit avec le ciseau pour lui donner de la transparence. Elle passe ainsi, avec une vitesse extrême, par les mains de soixante-dix ouvriers. Le pied de la tasse se creuse avec le ciseau.

Les grandes pièces se font à deux fois ; une moitié est élévée sur la roue par des hommes qui la soutiennent pour lui donner sa figure : l'autre moitié, étant presque sèche s'y applique : on l'y unit avec la matière même de la porcelaine délayée dans l'eau, qui sert comme de colle. On polit avec le couteau l'endroit de la réunion, qui, par le moyen du vernis dont on le couvre, s'égale avec tout le reste. C'est ainsi qu'on applique les anses, les oreilles et autres pièces rapportées. Les pièces cannelées, les animaux, les grotesques, les idoles, les bustes que les Européens ordonnent, et d'autres semblables, se font en trois ou quatre pièces qu'on ajoute les unes aux autres, et que l'on perfectionne ensuite avec des instruments propres à creuser, à polir, et à rechercher différents traits qui échappent au moule. Les fleurs et autres ornements qui ne sont point en relief, mais qui sont comme gravés, on les applique avec des cachets et des moules : on y applique aussi des reliefs tout préparés.

Quand on a le modèle d'une pièce qui ne peut s'imiter sur la roue entre les mains du potier, on y applique de la terre à moules, qui s'y imprime, et le moule se fait de plusieurs pièces : on le laisse durcir. Lorsqu'on veut s'en servir, on l'approche du feu ; on le remplit de la matière de porcelaine ; on presse avec la main dans tous les endroits ; puis on présente un moment le moule au feu. Aussitôt la figure empreinte se détache. Les différentes pièces se réunissent ensuite avec la matière de porcelaine ; après quoi on perfectionne avec le ciseau. Les moules se font d'une terre jaune, grasse, assez commune ; elle se pétrit ; on la bat fortement ; on lui donne la figure qu'on souhaite, on la laisse sécher, et on la façonne sur le tour.

Les *hoa-pei*, ou peintres de porcelaine, ne pourraient passer en Europe que pour des apprentis de quelques mois. Toute leur science ne consiste que dans une certaine routine. Ils ignorent toutes les régles de l'art ; pourtant ils peignent des fleurs, des animaux et des paysages qui se font admirer. Leur travail est partagé entre un grand nombre d'ouvriers. L'un forme le cercle coloré des bords ; l'autre trace les fleurs que peint un troisième : celui-ci est pour les eaux et les montagnes, celui-là pour les oiseaux et pour les autres animaux. Les figures humaines sont d'ordinaire les plus maltraitées.

Pour ce qui est des *couleurs* de la porcelaine, il y en a de toutes les sortes. On ne voit guère en Europe que celles qui est d'un bleu vif sur un fond blanc. Il s'en trouve dont le fond est semblable à celui de nos miroirs ardents : il y en a d'entièrement rouges ; et, parmi celles-là, les unes sont d'un rouge à l'huile, les autres d'un rouge soufflé, et sont semées de petits points à peu près comme nos miniatures. Il y a des porcelaines où les paysages se forment du mélange de presque toutes les couleurs relevées par l'éclat de la dorure. Mais aucune porcelaine n'est comparable à celle qui est peinte avec le seul *azur*, qui se prépare ainsi : on l'ensevelit dans le gravier qui est dans le fourneau ; il s'y rôtit durant vingt-quatre heures ; ensuite on le réduit en une poudre impalpable, ainsi que les autres couleurs. Le rouge se fait avec la couperose. On en met une livre dans un creuset qu'on bute bien avec un second creuset ; au-dessus de celui-ci est une petite ouverture , qui se couvre et se découvre au besoin. On environne le tout de charbon à grand feu : une livre de couperose en donne quatre onces. La matière n'est en état que lorsque la fumée n'est plus qu'un petit nuage fin et délié. Alors on prend un peu de matière qu'on délaie dans l'eau , et on en fait l'épreuve sur du sapin. Quand tout est refroidi , on trouve un petit pain de rouge au fond du creuset. Le rouge le plus fin est attaché au creuset d'en haut. Bien que la porcelaine soit blanche de sa nature, et que l'huile augmente sa blancheur, cependant on applique un *blanc* particulier sur celle qui est peinte de différentes couleurs, lequel se fait d'une poudre de caillou transparent , qui se calcine au fourneau , de même que l'azur. Sur une demi-once de cette poudre on met une once de céruse pulvérisée ; c'est aussi ce qui entre dans le mélange des couleurs; par exemple, pour faire le *vert*, à une once de céruse et à une demi-once de poudre de caillou , on ajoute trois onces de ce qu'on nomme *tom-hoa-pien* , formé des scories les plus pures du cuivre qu'on a battu. Le vert préparé devient la matrice du *violet* , qui se fait en y ajoutant une dose de blanc. Le *jaune* se fait en prenant sept drachmes du blanc préparé comme je l'ai dit , auxquelles on ajoute trois drachmes du rouge de couperose. Toutes ces couleurs, appliquées sur la porcelaine déjà cuite, après avoir été huilée, ne paraissent vertes , violettes , jaunes ou rouges , qu'après la seconde cuisson qu'on leur donne. Ces diverses couleurs s'appliquent avec la céruse , qui se mêle à la couleur quand on la dissout dans l'eau gommée. Le *rouge à l'huile* se prépare en mêlant le rouge *tom-lou-hum* avec l'huile de porcelaine, et avec une autre huile faite de cailloux blanc, préparée comme la première. On laisse ensuite sécher la porcelaine , et on la cuit au fourneau ordinaire. Si le rouge sort pur , brillant et sans tache, on a atteint la perfection de l'art. Le *rouge soufflé* se fait du rouge tout préparé. On prend un tuyau , dont une des ouvertures est couverte d'une gaze fort serrée; on applique doucement le bas du tuyau sur la couleur dont la gaze se charge , après quoi on souffle dans le tuyau contre la porcelaine , qui se trouve ensuite toute semée de petits points rouges. On donne la couleur *noire* à la porcelaine lorsqu'elle est sèche , en mêlant trois onces d'azur avec sept onces d'huile ordinaire de pierre. On cuit la porcelaine, on y applique l'or, et on la recuit de nouveau. Pour appliquer l'or, on le broie , et on le dissout jusqu'à ce qu'on voie au-dessous de l'eau un petit ciel d'or. On le laisse sécher , et, pour l'employer, on le dissout par parties dans l'eau gommée; à trente parties d'or on incorpore trois parties de céruse, et on l'applique sur la porcelaine de même que les couleurs.

Il me vient une pensée au sujet de toutes ces couleurs qui s'incorporent dans une porcelaine déjà cuite et vernissée par le moyen de la céruse, à laquelle on joignait autrefois du salpêtre et de la couperose : si l'on employait pareillement de la céruse dans les couleurs dont on peint les panneaux de verre, et qu'ensuite on leur donnât une espèce de seconde cuisson, cette céruse ainsi employée ne pourrait-elle pas nous rendre le secret qu'on avait jadis de peindre le verre, sans lui rien ôter de sa transparence? C'est de quoi on pourra juger par l'épreuve.

Le dieu de la porcelaine.

Comme chaque profession a son idole particulière, et que la divinité se communique ici aussi facilement que la qualité de comte ou de marquis se donne en certains pays d'Europe, il n'est pas surprenant qu'il y ait un dieu de la porcelaine. Le nom de cette idole est le *Pou-sa*, et voici son origine : On dit qu'un empereur voulut absolument qu'on lui fît des porcelaines sur un modèle qu'il était impossible d'exécuter. Les empereurs sont les divinités les plus redoutées à la Chine, et ils croient que rien ne doit s'opposer à leurs désirs. On usa de toutes sortes de rigueurs à l'égard des ouvriers. Ces malheureux dépensaient leur argent, se donnaient bien de la peine, et ne recevaient que des coups. L'un d'eux, dans un mouvement de désespoir, se lança dans le fourneau allumé, et il y fut consumé à l'instant. La porcelaine qui s'y cuisait en sortit, dit-on, parfaitement belle et au gré de l'empereur, lequel n'en demanda pas davantage. Depuis ce temps-là cet infortuné passa pour un héros, et il devint dans la suite l'idole qui préside aux ti^a

vaux de la porcelaine. Je ne sache pas que son élévation ait porté d'autres Chinois à prendre la même
route en vue d'un semblable honneur.

CINQUIÈME LETTRE.

Productions particulières à la Chine. — Mangie. — Arbre de fer. —
Quina. — Bétel.

Je vais essayer, de satisfaire votre curiosité, en
vous faisant part des observations que j'ai faites dans
le vaste pays que j'ai parcouru.

La Chine est fertile en toutes sortes de *grains*. Elle
produit du froment, de l'orge, du millet, du seigle
et du riz, qui est la nourriture la plus ordinaire des
Chinois. Les légumes y sont si communs, qu'on le
donne aux troupeaux ; la terre les produit deux ou
trois fois chaque année, ce qui prouve autant l'industrie des peuples que la fécondité du sol.

Il y a plusieurs sortes de *fruits* : des poires, des
pommes, des coings, des citrons, des limons, des
figues appelées bananes, des cannes de sucre, des
goyaves, des raisins, des citrouilles, des concombres,

des noix, des prunes, des abricots et des cocos; mais on n'y voit ni olives ni amandes. Les figues qu'on a transportées d'Europe n'ont point dégénéré; les oranges sont aussi communes que les pommes en Normandie : pour dix sous on peut en avoir la charge d'un cheval. Parmi les fruits qui nous sont inconnus, je citerai le *mangle*, dont le suc est si acide que les taches qu'il fait sont ineffaçables ; le *litchy*, qui a le goût du raisin muscat, et que les Chinois font sécher et mêlent avec le thé, et qui lui donne un petit goût d'aigreur fort agréable. On trouve aussi à la Chine des grenades, des grenadilles, des ananas, des avogados et autres fruits semblables, qui croissent dans toutes les Indes ; et la terre produit encore des herbes semblables aux nôtres, des laitues, des épinards, des choux, et toutes sortes de racines. La canne à sucre se cultive dans le midi, où le peuple en mange sans que l'usage de ce fruit, qui est pernicieux et nuisible dans nos colonies, lui cause aucune maladie.

Le chêne ne se trouve pas à la Chine; mais il est suppléé par une espèce d'arbre que nous appelons *arbre de fer*, à cause de sa dureté. Il y a des pins, des frênes, des ormeaux, des palmiers et des cèdres. Ce dernier est leur cyprès; c'est l'arbre fatal; ils s'en servent pour inhumer les morts. Mais l'arbre le plus commun et le plus utile est le *bambou*, dont les branches ressemblent à des roseaux. C'est un bois dur et creux, qui a des nœuds et des jointures comme le roseau. Les Chinois en font leurs lits, leurs tables, leurs chaises, des éventails, et mille autres ouvrages qu'ils couvrent d'un beau vernis.

Il y a aussi des herbes et des racines médicinales que notre commerce avec les Chinois nous a fait connaître. La rhubarbe est la principale et la plus célèbre; elle n'a d'usage que pour les teintures jaunes, et ils ne nous la vendent qu'après en avoir extrait presque toute la vertu. Ils ont aussi du *quina*, du *sanctum*, et cent autres racines ou herbes que la pharmacie emploie.

On trouve plusieurs espèces de *cire*. Outre celle que forment les abeilles du suc des fleurs, il y en a une autre qui est beaucoup plus blanche, et qui répand une lumière plus claire et plus éclatante. Elle est l'ouvrage de certains petits vers qu'on élève sur des arbrisseaux à peu près comme on élève les vers à soie.

Les Chinois, à l'imitation des Orientaux, usent de la feuille de *bétel* comme d'un remède souverain contre toutes les maladies qui attaquent la poitrine ou l'estomac. Il croît comme le lierre, et serpente autour des arbres; sa feuille est longue. Ils la couvrent de chaux vive, mettent au milieu une noix d'*areca*, qui ressemble à la muscade, et la mâchent continuellement. Ils portent le bétel et l'areca dans des boîtes et s'en offrent quand ils se rencontrent, de la même manière que nous offrons le tabac.

<hr>

Thé. —Métaux.— Le cuivre, seul monnaie.—Manufacture.—Tabac — Arbre qui donne le vernis.

Le *thé*, qui est la boisson favorite des Chinois, s'appelle ici *técha*. Ce sont les feuilles d'un arbuste qui ressemble au grenadier, mais dont l'odeur est plus agréable, quoique le goût en soit plus amer. La manière dont les Chinois préparent cette boisson, personne ne l'ignore aujourd'hui en France. Ils en boivent du matin au soir; mais ils n'en prennent que très-peu à la fois et dans de très-petites tasses. Le plus excellent croît dans la province de Nankin. L'arbrisseau qui le produit s'étend en petites branches, sa fleur tire sur le jaune et à l'odeur de la violette. Cette odeur est sensible lors même que la fleur est sèche. La première feuille naît et se cueille au printemps, parce qu'alors elle est plus molle et plus délicate. On l'a fait sécher à petit feu dans un vase de grosse terre, et on la roule ensuite sur des nattes couvertes de coton. On la transporte par tout l'empire dans des boîtes de plomb garnies d'osier et de roseaux. Il y a du thé plus ou moins estimé; l'*impérial* est le plus cher; ses feuilles sont plus larges, mais elles sont plus amères que les feuilles du thé vert ordinaire. Les Chinois gardent le meilleur thé. Celui que nous apportons en Europe a souvent bouilli plus d'une fois dans leurs théières. Ils prétendent qu'on doit boire le thé sans sucre, surtout le vert. Ceux qui y trouvent trop d'amertume se contentent de mettre dans leur bouche un morceau de sucre candi.

Les Chinois négligent la culture de la vigne, soit qu'ils ne sachent pas vendanger, soit que le terroir ne convienne pas au raisin. Ils font chauffer l'eau et le vin et généralement toutes les liqueurs. Je ne sais si je dois attribuer à cette habitude de boire chaud la santé dont ils jouissent; la goutte et la gravelle sont des maux qui leur sont inconnus. Ils ne laissent pourtant pas de boire avec excés d'un *vin* fait de *riz* et d'eau fort inférieur au cidre et à la bière. Quand ils s'enivrent, ils attendent la nuit, ne pouvant souffrir que le soleil soit témoin de leur intempérence.

Il y a dans cet empire des mines de divers *métaux*, d'or, d'argent, de cuivre, de fer, de plomb, d'étain, etc. Outre le cuivre ordinaire, il y en a de blanc, qui est si fin et si purifié, qu'il a la touche de l'argent. Les Japonais en apportent à la Chine d'une autre espèce qui est jaune, et qui se vend en lingot; il a la touche de l'or, et les Chinois s'en servent à plusieurs ouvrages domestiques. On prétend que ce cuivre n'engendre point de vert de gris. L'or de la Chine est moins pur que celui du Brésil; mais on l'achète moins cher, et il y a soixante-dix pour cent à gagner quand on l'apporte en Europe. Les Chinois ne font pas consister leur luxe en vases d'or et d'argent. J'ai ouï dire que les empereurs chinois des anciennes races avaient interdit le travail des mines d'or, parce qu'il n'était pas naturel de rendre l'empire florissant, en exposant les peuples à la mort que causent les vapeurs malignes qui sortent de la terre. Aujourd'hui l'on est moins scrupuleux. Les Chinois font un très-grand commerce d'or; mais il faut être connaisseur pour se fier à eux, à cause de la grande ressemblance entre l'or et le cuivre jaune du Japon. Ils reçoivent et donnent l'or et l'argent au poids, comme marchandise et non comme monnaie, et coupés en morceaux. Aussi n'y a-t-il de monnayé que certaines pièces de cuivre plates et rondes, avec un trou carré au milieu, pour les enfiler plus commodément. Tout s'achète et se vend au poids; chacun porte sa balance et pèse ce qu'il achète et ce qu'il vend; elle sert à peser l'argent jusqu'à la concurrence de vingt-cinq taëls.

Les Chinois ont des manufactures d'*étoffes de soie*, de damas pour meubles et habits, d'étamines gros-de-tours ou gourgourans, taffetas, satins unis et à fleurs, lampas, etc. Je ne veux pas comparer ces manufactures aux nôtres : cependant leurs teintures sont infiniment meilleures, et leurs couleurs primitives sont à l'épreuve de l'eau. Nous achetons plus cher en Europe la soie brute qu'on ne paie à la Chine les soies mises en œuvre : il est vrai que la seule province de Tche-Kiang fournit plus de soie que n'en produit toute l'Europe, et que les vers filent deux fois chaque année. Mais les Chinois n'ont ni lin ni chanvre; leurs *toiles*, quoique très-fines, sont de fil de coton ou d'ortie. Ils fabriquent aussi des *draps* fort légers, dont ils se servent en hiver au lieu d'étoffes de soie. Dans les provinces du nord, ils doublent ces draps de peaux de bêtes, dont les Moscovites et les Tartares font un grand commerce avec eux.

Le *tabac* n'est pas généralement en usage à la Chine, qui en produit néanmoins une très-grande quantité. On ne le réduit point en poudre, parce qu'on ne s'en sert que pour fumer. On cueille les feuilles lorsqu'elles sont bien mûres, et on les carde à peu près comme on carde la laine. On les met ensuite sous un pressoir, et on les foule de la même manière que nos tanneurs foulent les restes du tan dont ils font des mottes à brûler.

Les ouvrages de vernis, que nous estimons tant en Europe, sont ici très-communs et à un prix fort modique. Le *vernis* est un bitume ou une gomme qu'on tire de l'écorce d'un arbre qui ne croît qu'à la Chine et au Japon. Les Hollandais ont en vain tenté de transporter cette gomme en Europe : elle perd sa force au bout de six mois. Tous les meubles des Chinois sont enduits de ce vernis, qui est à l'épreuve de l'eau la plus chaude.

Nourriture de choix. — Nids d'oiseaux. — Animaux sauvages. — Le singe sinsin. — Le cheval-cerf. — Le daim odoriférant.

Le *riz* est la *nourriture* ordinaire des Chinois; ils le préfèrent au pain. Ils n'épargnent rien dans leurs repas, et l'abondance y règne à défaut de la propreté et de la délicatesse. Outre la chair de pourceau qui en est comme la base, on y sert des chèvres, des poules, des oies, des canards, des perdrix, des faisans et quantité de gibier inconnu en Europe. Les Chinois exposent aussi dans leurs marchés de la chair de cheval, d'ânesse et de chien. Ce n'est pas qu'ils n'aient des buffles et des bœufs; mais, dans la plupart des provinces, la superstition ou les besoins de l'agriculture empêchent qu'on ne les tue. On sert toutes les viandes coupées par morceaux dans des jattes de porcelaine, et il est rare qu'on mette sur leurs tables des pièces entières, si ce n'est lorsqu'ils invitent quelques Européens dont ils veulent, par courtoisie, imiter les usages. Ils sont amateurs de *nids d'oiseaux* qui viennent du Japon, et qui sont de la grosseur d'un œuf de poule. La matière en est inconnue, mais elle ressemble beaucoup à la moelle qu'on tire du sureau; le goût en est relevé par des épiceries : c'est le plat le plus chéri des Chinois. Les fleuves qui arrosent toutes les provinces de la Chine, les lacs, les étangs et la mer fournissent abondamment les tables de toutes sortes de poissons. Les Chinois ne savent point faire le beurre, et ils en ignorent absolument le goût et l'usage ; au lieu de beurre, ils se servent de saindoux ou d'huile.

Les *chemins* publics sont très-bien entretenus, et la quantité de rivières dont ce pays est arrosé n'apporte aucune incommodité aux voyageurs, par la précaution qu'on a prise d'opposer des digues aux débordements des eaux. On se sert rarement de chevaux dans les voyages. On s'embarque dans des bateaux ; et comme le même fleuve parcourt souvent plus d'une province, il est aisé et commode de voyager. Dans celles où les rivières sont plus rares, on se fait porter en chaise, et on trouve de lieue en lieue des villages et des bourgs où l'on change de porteurs. Il y a aussi des postes réglées et disposées de trois en trois milles ; mais elles sont réservées pour les courriers de l'empereur et pour les affaires qui concernent le gouvernement.

Les *chevaux* chinois n'ont ni la beauté ni la vigueur des nôtres, et les habitants ne savent point les dompter ; ils les mutilent seulement, et cette opération les rend doux et familiers. Ceux qu'ils destinent aux exercices militaires sont si timides, qu'ils fuient au hennissement des chevaux tartares. D'ailleurs, comme ils ne sont point ferrés, la corne de leurs pieds s'use, en sorte que le meilleur cheval à six ans est presque incapable de service.

Plusieurs provinces sont fécondes en *animaux sauvages* et curieux. Le tigre sans queue, qui a le corps d'un chien, est de tous les animaux le plus féroce et le plus léger à la course. Si, pour se dérober à sa fureur, on monte sur un arbre, il pousse un certain cri qui en fait arriver plusieurs autres, et tous ensemble, ils creusent la terre autour de l'arbre, le déracinent et le font tomber. Les Chinois, pour s'en défaire, s'assemblent vers le soir, et forment une palissade dans laquelle ils se renferment ; ensuite, imitant le cri de l'animal, ils attirent tous ceux des environs, et tandis que ces bêtes féroces travaillent à fouir la terre pour abattre les pieux, les Chinois s'arment de flèches et les tuent. Les *couleuvres* et les *vipères* ont le venin très-actif. On n'est pas plus tôt mordu, que le corps s'enfle extraordinairement, et que le sang sort par les yeux, les oreilles, la bouche, les narines, et même par les ongles. Mais, comme l'humeur pestilentielle s'évapore avec le sang, leurs morsures ne sont pas mortelles. Il y en a d'autres dont le venin monte à la tête, et se répand soudain dans toutes les veines; il cause des défaillance, ensuite le délire et puis la mort. On n'a pu trouver jusqu'ici aucun remède qui fût efficace contre leur morsure. L'animal appelé *sinsin* est une espèce de singe que j'ai eu souvent occasion de voir; sa grandeur est égale à celle de l'homme, à qui il ressemble encore par une grande conformité d'actions, et par sa facilité à marcher sur ses deux pieds de derrière. Le *gin-hiung* ou l'*homme-ours*, qui est dans les déserts de la province de Chen-Si, n'est qu'un ours d'une grandeur extraordinaire, comme le *malou* ou *cheval-cerf* n'est qu'une espèce de cerf plus haut et plus long que les chevaux de la province d'*Yunnan*. Le cheval tigre, que l'on dit couvert d'écailles, et que son humeur sanguinaire fait sortir de l'eau vers le printemps pour dévorer les hommes, est un animal fabuleux. Il doit en être de même du *fong-hoang*, dont vous avez sans doute entendu parler. Ce qu'on dit du *hiang-tchang-tse*, ou daim odoriférant, est plus certain. C'est une espèce de daim sans cornes, dont la bourse est pleine de musc. La chair en est bonne à manger, et on la sert sur les meilleurs tables.

Le hai-sting.—Papillons servant d'ornements à la cour.—Poissons.

On met avec raison au rang des beaux oiseaux le *hai-tsing*, qui est fort rare. Il est comparable à nos plus baux faucons; mais il est plus gros, plus vigoureux et plus fort. C'est le roi des oiseaux de proie de la Chine et de la Tartarie; car c'est le plus curieux, le plus vif, le plus adroit et le plus courageux : aussi est-il si estimé des Chinois, que quand ils ont le bonheur d'en prendre un, ils le portent à la cour et l'offrent à l'empereur, qui les récompense généreusement. Ils portent aussi à la cour des *papillons* si estimés, qu'on les fait servir à certains ornements. Leurs couleurs sont variées, et d'une vivacité surprenante. Ils sont beaucoup plus gros que les nôtres, et ont les ailes bien plus larges. Ils restent immobiles sur les arbres pendant le jour, et s'y laissent prendre sans peine. Ce n'est que sur le soir qu'ils commencent à voltiger, de même à peu près que les chauves-souris, dont ils égalent la grandeur par l'étendue de leurs ailes.

On voit en Chine presque toutes les espèces de poissons que nous avons en Europe. Parmi ceux qui sont particuliers au pays, le plus curieux est le *kin-yu*, ou poisson d'or. On le nourrit dans de petits étangs dont les maisons de plaisance sont embellies, ou dans des vases dont on orne les cours de ces maisons; plus ils sont minces et déliés, plus ils paraissent beaux. Ils sont d'un rouge doux et tempéré, et comme semés de poudre d'or, surtout vers la queue, qui est à deux ou trois pointes. On en voit aussi d'une blancheur argentée, et d'autres qui sont blancs et semés de taches rouges. Ils sont d'une vivacité et d'une agilité surprenantes; mais leur petitesse les rend sensibles aux moindres injures de l'air et aux secousses mêmes un peu violentes du vase. On les accoutume à venir sur l'eau au bruit d'une cliquette dont joue celui qui leur porte à manger. On les laisse manquer de nourriture pendant l'hiver. De quoi vivent-ils, particulièrement ceux qu'on retire des étangs pour les renfermer dans les chambres? Cependant ils ne laissent pas, au printemps, de retrouver leur force et leur agilité. J'ai vu le poisson appelé *hai-seng*. Je le pris pour un rouleau de matière inanimée; mais, l'ayant fait couper en deux, je le jetai dans un bassin où il nagea et vécut même encore assez longtemps. Il n'a ni épines ni os, et il meurt dès qu'on le presse. On le conserve au moyen d'un peu de sel, et on le transporte par tout l'empire comme un mets estimable au goût des Chinois. Le *hoa-hien* a l'écaille d'un jaune clair et pâle, mais les taches rougeâtres dont il est semé relèvent beaucoup sa couleur. Il est de la longueur du poisson d'or, et sa nature est à peu près la même, mais son prix est bien différent, vu son extraordinaire rareté. On le met dans un vase, où on lui donne chaque jour une certaine quantité de nourriture. On dirait qu'il connaît celui qui lui apporte à manger, tant il est prompt à monter sur l'eau quand il sent qu'il arrive. Ce poisson passe pour être très-fécond. Quand on voit ses œufs surnager, on les ramasse et on les conserve avec soin, et la chaleur de la saison ne manque jamais de les faire éclore.

C'est du grand fleuve *Kang-tse-Kiang* que les Chinois tirent tous leurs poissons. Vers le mois de mai, les gens du pays barrent le fleuve en différents en-

droits avec des nattes et des claies l'espace d'environ
dix lieues, et ne laissent que ce qu'il faut pour le pas_
sage des barques. La semence du poisson s'arrête à
ces claies ; ils savent la distinguer à l'œil, quoiqu'on
n'aperçoive rien de bien sensible dans l'eau. Ils pui-
sent de cette eau mêlée de semence et en remplissent
quantité de vases pour la vendre aux marchands qui
viennent avec des barques pour l'acheter et la transporter dans diverses provinces ; mais ils ont soin de
l'agiter de temps en temps, et ils se relèvent les uns
les autres pour cette opération. Cette eau se vend par
mesure à tous ceux qui ont des viviers et des étangs
domestiques. Au bout de quelques jours, on aperçoit
dans l'eau de petits tas d'œufs de poissons, sans qu'on
puisse encore démêler quelle est leur espèce ; ce n'est
qu'avec le temps qu'on la distingue.

Vous m'avez demandé, quelques détails sur
l'état de la religion. Je voudrais bien satisfaire
votre piété, mais comme il n'a point encore plu
à Dieu de répandre ses bénédictions sur les travaux de son serviteur, je ne puis vous parler qu'idolâtrie.

Pagodes. — Dieu *Poussa.* — *Fo.*

Je ne crois pas que dans le reste de l'Asie la superstition ait érigé à l'esprit de mensonge de si
beaux temples que dans ce pays-ci. Les plus magnifiques sont au dehors des villes ; situés sur le coteau

des montagnes, où il semble que dans la construction on ait voulu tout devoir à l'art et rien à la nature. Quoique ces montagnes soient arides, les bonzes y entretiennent un printemps perpétuel. Ces *pagodes* sont des solitudes charmantes ; tout y est pratiqué avec tant d'ordre que le goût le plus bizarre n'y trouve rien à désirer, soit pour la fraîcheur, qui est un agrément essentiel pour un climat si chaud, soit pour la commodité. Ils font couler les eaux du haut des montagnes par plusieurs canaux, et ils les distribuent aux environs et dans l'intérieur de la pagode, où il y a des bassins et des fontaines pour les recevoir. Ils plantent des bosquets et des avenues d'arbres dont l'hiver semble respecter les feuilles. Celle d'*Emouy* est dans une plaine. La mer, par différents canaux, forme devant elle une nappe d'eau bordée d'un gazon toujours vert. La face est de trente toises ; le portail est grand et orné de figures en relief, qui sont les ornements les plus ordinaires de l'architecture chinoise. On trouve en entrant un vaste portique, et au milieu un autel avec la statue en bronze doré de *Foé*, sous la figure d'un colosse assis les jambes croisées. Aux quatre angles, il y a quatre autres statues de dix-huit pieds. Quoique assises, elles n'ont rien de régulier, mais on peut en admirer la dorure. Chacun de ces colosses est d'un seul morceau de pierre : ils ont en main différents symboles qui désignent leurs qualités : l'un tient un serpent qui se replie autour de son corps, l'autre un arc bandé et un carquois, le troisième une hache d'armes, le quatrième une guitare. En quittant ce portique, on entre dans une avant-cour carrée, pavée de pierre dont la moindre a dix pieds de longueur et quatre de largeur. Il y a aux quatre côté de cette cour quatre pavillons qui se terminent en dômes, et qui se communiquent par un corridor qui règne tout autour. Dans l'un il y a une cloche qui a dix pieds de diamètre ; on ne peut trop admirer la charpente qui sert de support à cette lourde masse. Dans l'autre il y a un tambour d'une grandeur démésurée, et qui sert aux bonzes à annoncer les jours de la nouvelle et pleine lune. Il faut remarquer que le battant des cloches chinoises est en dehors, et qu'il est fait de bois en forme de marteau. Les deux autres pavillons renferment les ornements du temple, et servent souvent de retraite aux voyageurs que les bonzes sont obligés de recevoir et de loger. Au milieu de la cour on voit une grande tour qui se termine aussi en dôme ; on y monte par un escalier de pierre, qui règne tout autour. Au milieu du dôme, il y a un temple dont la figure est carrée. La voûte est ornée de mosaïques, et les murailles sont revêtues de figures de pierre en relief qui représentent des animaux et des monstres. Les colonnes qui soutiennent le toit sont de bois vernissé, et aux jours solennels on les orne de banderoles de diverses couleurs. Le temple est pavé de petits coquillages qui, par un assemblage curieux, forment des oiseaux, des papillons, des fleurs, etc.

Les bonzes brûlent continuellement des parfums

sur l'autel et entretiennent le feu des lampes qui sont pendues à la voûte du temple ; à l'une des extrémités de l'autel, on voit une urne de bronze sur laquelle ils frappent, et qui rend un son lugubre. A l'autre extrémité il y a une machine de bois creuse et faite en ovale, qui sert au même usage, c'est-à-dire que le son de l'un et de l'autre instrument accompagne leurs voix lorsqu'ils chantent les louanges de l'idôle tutélaire de la pagode, le dieu *Poussa*, lequel est placé au milieu de l'autel ayant pour base une fleur de bronze doré, et tenant un jeune enfant entre ses bras. Plusieurs idoles de dieux subalternes sont rangées autour de lui, et marquent par leurs attitudes leur respect et leur vénération. Les bonzes ont tracé sur les murs du temple, en caractères hiéroglyphiques, les louanges de Poussa. On y voit aussi un tableau allégorique qui représente un étang de feu où semblent nager plusieurs hommes, portés sur des monstres ou environnés par des dragons et des serpents ailés. On aperçoit au milieu du gouffre un rocher escarpé, au haut duquel le dieu est assis, tenant un enfant entre ses bras, qui semble appeler ceux qui sont dans les flammes ; mais un vieillard, dont les oreilles sont pendantes, et qui a des cornes à la tête, les empêche de s'élever jusqu'à la cime du rocher, et paraît vouloir les écarter à coups de massue. Les bonzes ne surent répondre aux questions que je leur fis à l'occasion de ce tableau. Il y a derrière l'autel une espèce de bibliothèque, dont les livres traitent du culte des idoles, et du sacrifice qu'on a coutume de faire dans cette pagode.

Lorsqu'on est descendu de ce dôme, on traverse la cour, et on entre dans une espèce de galerie dont les murs sont lambrissés. J'y comptai les statues en bronze doré de vingt-quatre philosophes, anciens disciples de Confucius : au bout de cette galerie on trouve le réfectoire des bonzes ; on traverse ensuite un assez grand appartement, et on entre enfin dans le temple de *Fo*, où l'on remonte par un grand escalier de pierre. On ne voit la statue du dieu qu'à travers une gaze noire qui forme une espèce de voile ou rideau devant l'autel ; le reste de la pagode consiste en plusieurs grandes chambres fort propres, mais mal percées, en jardins, en bosquets et en grottes charmantes, où l'on peut se mettre à l'abri des chaleurs excessives du climat.

Pagode des dix mille pierres. — Bonzes. — Novices.

J'ai souvent visité les bonzes de cette pagode, et ils ont toujours paru me recevoir avec plaisir : on peut entrer librement dans leurs temples ; mais il ne faut pas chercher à satisfaire entièrement sa curiosité, ni entrer dans les appartements où ils ne vous introduisent pas eux-mêmes, surtout lorsqu'on est mal accompagné. Il y a encore plusieurs pagodes dans l'île d'*Emouy* : une entre autres qu'on appelle *pagode des dix mille pierres*, parce qu'elle est bâtie sur le penchant d'une montagne où l'on a compté un pareil nombre de petits rochers, sous lesquels les bonzes ont pratiqué des grottes et des réduits très-agréables. On y voit régner une certaine simplicité champêtre qui plaît et qui charme.

Quoique les *bonzes* soient les amis et les confidents des dieux, ils sont cependant fort méprisés à la Chine, et les peuples, qui dans leur idolâtrie n'ont aucun système bien suivi, ne respectent pas plus la divinité que le ministre. Ils sont tirés de la lie du peuple, et lorsqu'ils ont amassé quelque somme d'argent, ils achètent des esclaves dont ils font des disciples, qui sont ensuite leurs successeurs ; car il est bien rare qu'un Chinois un peu à son aise embrasse cette profession. Ils ont des supérieurs et des dignités parmi eux, et, pour être initié aux mystères extravagants de leur secte, il faut passer par un très-rude noviciat. Celui qui postule est obligé de laisser croître sa barbe et ses cheveux pendant un an, de porter une robe déchirée, et d'aller de porte en porte chanter les louanges des idoles. Il s'acquitte de ce devoir sans lever les yeux ; et la populace, pour éprouver sa vocation, l'accable de sarcasmes, d'injures, quelquefois mêmes de coups de bâton, et l'humble candidat souffre tout avec patience. Il ne mange, durant une année, aucune chose qui ait eu vie ; il est pâle, maigre, défiguré : si le sommeil, auquel il résiste constamment, le surprend quelquefois, un compagnon impitoyable le réveille : rien n'est comparable aux tourments qu'on lui fait endurer. Le jour où il doit prendre l'habit, les bonzes des pagodes voisines s'assemblent, se prosternent devant l'idole et psalmodient des prières avec une espèce de chapelet à gros grains, qu'ils ont autour du cou; ils entonnent des hymnes, et accompagnent leur chant du son de petites clochettes. Le novice, prosterné à l'entrée du temple, attend la fin de ces cérémonies pour recevoir l'honneur qu'on veut lui faire. Les bonzes le conduisent au pied de l'autel, et lui mettent une longue robe grise et un bonnet de coton sans bords : ils lui donnent ensuite l'accolade. Le novice régale tous les bonzes, et l'ivresse qui succède à ce repas termine la cérémonie.

Le culte que les bonzes rendent aux idoles se réduit à entretenir les lampes des pagodes, et à recevoir ceux qui viennent faire leurs prières. La plupart d'entre eux n'ont aucun revenu fixe, et ils vont de porte en porte, une clochette à la main, mendier les secours nécessaires à la vie. Lorsqu'un Chinois fait quelque fête en l'honneur de l'idole qu'il garde dans sa maison, il appelle les bonzes, qui, revêtus de longues chapes brodées, portent l'idole par les rues: ils marchent deux à deux, tenant en main plusieurs banderoles garnies de sonnettes, et le peuple les suit par curiosité bien plus que par dévotion. Au jour de la nouvelle lune et à celui de la pleine lune, ils se lèvent pendant la nuit et récitent des prières qui paraissent être toujours les mêmes, et qu'ils récitent avec autant de dévotion que s'ils croyaient aux dieux qu'ils invoquent.

SIXIÈME LETTRE.

Eau chaude glacée devant des docteurs chinois. — Leurs doutes. — Leur surprise. — Questions de ces docteurs sur divers phénomènes.

Monsieur, je me souviens qu'en l'année 1716, que votre dissertation sur la glace fut couronnée à Bordeaux, je suivis l'empereur à la chasse du tigre pendant l'hiver, et je me trouvai insensiblement engagé à convaincre deux ministres de l'empire, et dix docteurs, qu'on pouvait *glacer de l'eau chaude* auprès d'un brasier. Cet engagement était une suite des entretiens que j'avais eus avec ces messieurs sur la congélation des liquides au temps froid. Je tâchai de leur faire comprendre la nature du liquide, sa composition, ses parties intégrantes, leur figure, l'air mêlé dans les intervalles, qui tient les parties en mouvement, etc. Je conclus ensuite que pour glacer l'eau, il ne s'agissait que d'en faire sortir les parties les plus subtiles, qui empêchaient les autres de se lier, et y en introduire d'autres capables de la fixer et d'en arrêter le mouvement. « Ce serait, dit un de ces messieurs, une jolie opération à voir, et je serais curieux de savoir de quels instruments on pourrait se servir pour travailler sur des parties si subtiles qu'elles échappent à notre vue. — Monsieur, lui répondis-je, puisque sur ce que j'ai l'honneur de vous dire vous n'en voulez croire qu'à vos yeux, quoiqu'ils ne soient pas toujours des témoins sûrs de la vérité, je suis prêt à contenter votre curiosité. »

A peine avais-je achevé de parler, que tous me prirent au mot. Ils fixèrent une nuit pour faire l'opération, et pour lieu du rendez-vous, la tente du président des docteurs. Dans le moment même que je partais pour y aller, l'empereur m'ayant envoyé chercher, cet incident me fit manquer à ma parole. Ces messieurs, ne me voyant point arriver, soupçonnèrent que je m'étais trop avancé. Un d'entre eux, qui ne croyait pas qu'un étranger, qu'un barbare, ainsi qu'ils appellent tous ceux qui ne sont pas Chinois, en pût savoir plus que lui, perdit patience, comme on me le raconta dans la suite : « Eh ! messieurs, s'écria-t-il, jusqu'à quand vous laisserez-vous tromper par un homme qui, non content de nous avoir souvent amusé sur la religion par des discours frivoles et dénués de preuves sensibles, veut encore nous tromper sur les choses naturelles par des explications nullement fondées et inventées à plaisir. Que dira-t-on de nous, quand on saura qu'il a assemblé ici tant d'honnêtes gens pour écouter les fables qu'il nous débite ? » Sur quoi il se leva brusquement, et prit le chemin de sa tente pour y prendre du repos et dissiper son indignation. Les autres, plus modérés, se retirèrent peu après, mais sans faire aucun éclat. Le président, qui est de nos amis, resta seul, véritablement mortifié de n'avoir pu me justifier ni me prévenir à temps, pour me détourner de tenter une entreprise qu'il croyait au-dessus des forces humaines ; « car, disait-il, c'est vouloir forcer la nature que de faire geler de l'eau auprès du feu. »

Le lendemain je vis ces messieurs qui suivaient la chasse ; j'allai leur faire mes excuses, en leur disant la raison qui m'avait fait manquer au rendez-vous. La politesse chinoise ne leur permit pas de me répondre ce qu'ils pensaient ; mais, prenant un ton qui marquait assez qu'on m'en tenait quitte, ils me dirent que ce serait pour une autre fois. « Ce sera ce soir même, repris-je, si vous l'agréez, car je n'irai pas chez l'empereur, et je me rendrai de bonne heure chez M. le président. » Je m'y rendis effectivement le premier, et je vis que ces messieurs furent contents de me trouver à leur arrivée. Après les compliments ordinaires, chacun prit sa place, formant une espèce de cercle autour d'un grand brasier, qui était au milieu de la tente, dont on affecta d'abaisser la portière, afin d'augmenter la chaleur, dans la pensée où ils étaient qu'elle empêcherait le succès de l'opération. Ils commencèrent d'abord à parler de choses indifférentes ; car, voyant qu'il n'y avait rien de préparé que pour une simple conversation, ils crurent que je n'étais venu que pour m'excuser ou pour me divertir aux dépens de ceux qui avaient eu la simplicité de croire qu'on pût congeler des liquides dans un lieu si chaud. Mais lorsque je m'aperçus que la chaleur était devenue si grande, qu'elle les obligeait à quitter leurs bonnets et leurs casaques de zibeline, je pris la parole : « Eh bien, messieurs, leur dis-je en riant, je crois que nous serons bientôt obligés de boire à la glace; ne seriez-vous pas d'avis que j'en préparasse de bonne heure? » Cette proposition fut reçue avec un éclat de rire, et on la prit pour une plaisanterie. Le président me demanda si je parlais sérieusement : « Oserais-je parler autrement, lui répondis-je, devant une si respectable compagnie? Ordonnez seulement à vos domestiques de m'apporter une écuelle d'argent remplie de neige avec sa soucoupe pleine d'eau, et je vous ferai voir que je n'ai rien avancé que je ne puisse exécuter. » Je fus servi à l'instant; car en arrivant j'avais pris la précaution de dire aux officiers du président de me tenir tout cela prêt.

J'étais assis sur un coussin, les jambes croisées comme tous les autres; on m'apporta l'écuelle remplie de neige, et le plat plein d'eau tiède. Cet appareil réveilla l'attention des spectateurs. Il s'agissait cependant de mêler avec la neige, sans qu'on s'en aperçût, le nitre que j'avais apporté. Je pris pour prétexte que les flambeaux qui éclairaient la tente, étant trop près de moi, m'incommodaient la vue. On ordonna aussitôt aux domestiques de les placer ailleurs, et pendant ce mouvement je glissai mon nitre dans la neige. Je posai d'abord l'écuelle dans le plat d'eau; je l'approchai jusque sur le bord du brasier, et, feignant d'avoir de la peine à tenir l'un et l'autre, j'invitai le docteur incrédule à tenir le plat, tandis que je tiendrais l'écuelle : c'est à quoi il consentit volontiers, pour avoir le plaisir d'examiner de plus près l'opération. Mais sa curiosité lui coûta cher, sans qu'il osât s'en plaindre, tandis que tous les autres riaient à gorge déployée, parce que, voyant fondre la neige que je remuais de la main, ils étaient fort éloignés de croire que l'eau du plat qui était dessous, et plus près du feu, pût jamais devenir de la glace. Cependant elle se formait, et en très-peu de temps mon opéraution fut achevée. Comme l'incrédule avait peine à soutenir plus longtemps l'ardeur du feu, et qu'à tout moment il détournait la téte : « J'ai compassion de vous, lui dis-je ; votre secours m'est désormais inutile, et vous pouvez lâcher le plat sans craindre qu'il tombe. » Il le lâcha en effet, et se retira au plus vite. Tous ces messieurs, voyant ce plat suspendu au fond de l'écuelle que je tenais par l'oreille, furent étrangement surpris. Il s'avancèrent et touchèrent la glace des doigts ; ils prirent ces deux pièces jointes ensemble, et, les maniant sans beaucoup de précaution, ils se couvrirent de l'eau de neige qui tombait sur leurs habits. Après avoir présenté au feu le dessous du plat et avoir pareillement renversé l'écuelle sur le feu, il me resta à la main un plat de glace très-pure et très-claire. Chacun voulut le manier et le regarder aux flambeaux ; le docteur incrédule, ne se fiant ni à la vue ni au toucher, cassa le plat, et en porta un morceau à la bouche pour le manger, supposant que le goût serait un témoin plus fidèle de la vérité du fait que les autres sens. Il est à observer que les Chinois de Pékin, au fort de l'été, non-seulement boivent à la glace, mais qu'ils en mangent encore d'assez gros morceaux, sans qu'elle nuise à leur santé. Après qu'il en eut mangé : « C'est véritablement de la glace, s'écria-t-il, et de la meilleure : je me rends, et je rends pareillement justice à celui qui la mérite ; mais j'avoue que si ce changement ne s'était pas fait en ma présence, je ne l'aurais jamais cru possible. »

Le lendemain de cette expérience, je suivis l'empereur à la chasse ; ces messieurs, qui n'étaient comme moi que simples spectateurs, pouvaient quitter leur rang, et ils le firent, dans l'impatience où ils étaient de me joindre. Comme la nuit précédente ils avaient tenté inutilement de faire de la glace, en imitant ce qu'ils m'avaient vu faire, ils étaient curieux de savoir ce qui les avait empêchés de réussir. Je leur répondis qu'ils n'avaient qu'à s'adresser à M. le président. « Oui, messieurs, dit le président, j'en ai fait l'épreuve, et je l'ai faite avec succès. Je vous communiquerai ce secret, mais ce ne sera pas à présent ; il faut qu'il en coûte un peu de patience à ceux qui ont manqué de foi. » Ensuite m'adressant la parole : « Nous voudrions bien savoir, me dirent-ils, comment se forment la *grêle*, le *tonnerre* et les *tempêtes*. » Je leur expliquai ce que j'en savais le plus clairement qu'il me fut possible : mon explication n'était pas sans

réplique, mais heureusement leurs objections roulè-
rent presque toutes sur les effets du tonnerre. « Il
tombe souvent, me disent-ils, au lieu de monter, et
de se dissiper en l'air, comme fait la poudre. — Je
vois bien, messieurs, leur répondis-je, qu'il faudra
encore vous convaincre par le témoignage des yeux.
Je vous composerai une poudre qui éclatera comme
le tonnerre, et qui, au lieu de faire son effet en haut,
le fera en bas, et percera le fond d'une cuiller de fer,
dans laquelle on fera chauffer cette poudre. » J'avais
en effet de quoi faire de la *poudre fulminante ;* le succès de cette nouvelle opération, dont ils furent
témoins, redoubla leur admiration : ce qui fit dire à
l'un d'eux que je pouvais désormais le tromper, parce
qu'après ce qu'il avait vu, il ne pouvait s'empêcher
de me croire sur tout le reste. « Je suis incapable de
tromper personne, lui répondis-je ; je voudrait bien
au contraire être assez heureux pour vous détromper
sur les erreurs où vous êtes par rapport à la religion,
et qui sont d'une bien plus grande conséquence pour
votre bonheur que l'ignorance de quelques effets naturels. »

**Pierres factices. — Professions dites *infâmes* à la Chine. —
Aurores boréales. — L'atmosphère.**

Un autre jour, le discours tomba sur la manière
dont les *pierres* se forment dans le sein de la terre :
ma réponse fut courte ; une plus longue eût été assez

inutile avec des gens qui n'écoutent la théorie que par complaisance et sans en rien croire, et qui réduisent tout au témoignage des sens. « Voulez-vous, leur dis-je alors, que je vous conduise jusqu'au centre des montagnes et au fond des carrières, pour vous faire toucher au doigt ce que je viens de vous dire de la formation des pierres et de leur accroissement ? — Non, me dit l'un de ces messieurs, j'aime mieux vous en croire sur votre parole que de m'engager dans un voyage si obscur et si dangereux : mais si, sans courir tant de risques, vous nous montriez une petite pierre de votre façon, vous nous obligeriez fort, et vous nous trouveriez plus dociles à vous écouter sur tout le reste. — J'y consens volontiers, lui répondis-je ; mais ce ne sera pas ici, où je manque de ce qui m'est nécessaire pour vous contenter ; ce sera à Pékin, où je vous ferai une pierre, sans me servir d'aucun corps dur ou solide : bien plus, je vous apprendrai à la faire, et vous serez maître en ce genre dès votre premier coup d'essai ; il ne vous en coûtera que de mêler deux sortes de liqueurs ensemble. Vous verrez d'abord un bouillonnement, un combat de ces deux liquides, qui ne finira que par la destruction de l'un ou de l'autre, et il ne restera qu'une pierre blanche au fond du vase. Mais vous vous souviendrez de la parole que vous me donnez de m'écouter ensuite, avec plus de docilité, sur un sujet bien plus relevé et infiniment avantageux pour vous, puisqu'il vous procurera un bonheur éternel. — Faites ce que vous me promettez, dit le docteur, et je n'aurai pas de peine à vous croire. »

J'effacerais, monsieur, tout ce que j'ai l'honneur de vous écrire, si j'adressais ma lettre à une personne moins éclairée que vous ; car elle me reprocherait peut-être qu'il ne convient à un missionnaire que d'annoncer simplement la foi à ces infidèles, sans s'amuser à les entretenir de matières de physique et de pure curiosité. Je répondrais à ce reproche ce que l'expérience a appris à tous les anciens missionnaires, que quand il s'agit de prêcher aux grands et aux lettrés de cette nation, on ne réussit pas d'ordinaire en débutant par les mystères de notre sainte religion ; les uns leur paraissent obscurs, les autres incroyables ; la persuasion où ils sont que les étrangers n'ont point de connaissances sur la religion, qui soit comparables à leur grande doctrine, fait que s'ils nous écoutent un moment, ils détournent aussitôt le discours sur un autre sujet. Leur vanité, l'estime qu'ils ont pour eux-mêmes, le mépris qu'ils font des autres nations, transpirent, malgré eux, au travers de leur feinte modestie et des termes polis qu'ils affectent. Ainsi, pour mériter leur attention, il faut s'accréditer dans leur esprit, gagner leur estime par la connaissance des choses naturelles qu'ils ignorent la plupart, et qu'ils sont curieux d'apprendre : rien ne les dispose mieux à nous entendre sur les saintes vérités du christianisme. Il faut ajouter à cela beaucoup de complaisance, et une grande patience à écouter et à résoudre les difficultés qu'ils proposent, bonnes ou mauvaises, faisant paraître qu'on fait cas de leur capacité et de leur mérite personnel. C'est par ces sages ménagements qu'on s'insinue dans leur esprit, et qu'insensiblement on fait entrer les vérités de la religion dans leur cœur.

Vous me dites, monsieur, dans le parallèle que vous faites entre les Chinois et les Égyptiens, qu'il y a à la Chine des castes et des tribus comme en Égypte. C'est une erreur que vous aurez puisée dans quelque relation où l'on aura abusé des termes de castes et de tribus, qu'on ne voit pas à la Chine comme aux Indes. Voici ce qui peut avoir donné lieu à cette erreur : il y a des hommes à la Chine qui sont *infâmes*, non pas d'origine, mais par la profession qu'ils exercent; ils ne peuvent être reçus mandarins, et le peuple même ne contracte point d'alliance avec eux. Tels sont les comédiens qui jouent sur un théâtre public, les ministre de débauche, les corrupteurs de la jeunesse, les geôliers, et ceux qui dans les tribunaux donnent la bastonnade aux coupables, quand la sentence du juge l'ordonne. Ces gens-là ne font point caste; il n'y a que la misère, et non pas leur naissance, qui les engage dans ces professions honteuses, et leurs descendants peuvent les abandonner, quand ils ont de quoi vivre honorablement. Il y a encore une autre espèce de gens infâmes, qu'on appelle *to-min* : on ne les trouve que dans la province de Tche-kian, surtout dans la ville de Chao-king, où on les oblige d'habiter dans une rue séparée. Il ne leur est permis d'exercer que le plus vil et le plus petit commerce, tel que celui de vendre des grenouilles, et de petits pains sucrés pour les enfants, ou de jouer de la trompette devant les morts quand on les porte en terre. Quand on impose des corvées, on les fait faire à ces gens-là, que chacun a droit de maltraiter impunément; on ne s'allie point avec eux; leurs femmes ont une marque à leurs tabliers qui les distingue des autres ; ce sont les seules qui traitent des mariages, et qui aient entrée chez toutes les dames qui ont des fils ou des filles à marier; ce sont elles qui accompagnent l'épouse quand elle va à la maison de son époux. Elles gagnent plus ou moins, à proportion du talent qu'elles ont de dissimuler aux deux parties , qui ne se voient pour la première fois que le jour de leur mariage, les défauts qu'on n'aperçoit pas du premier coup d'œil. Une autre espèce de gens, qu'on nomme *Kan-kia*, n'est guère moins méprisable. Ce sont ceux qui conduisent les barques chargées de riz pour les magasins royaux. Lors de la construction du canal impérial , regardant la conduite de ces barques comme un emploi pénible, on y destina ceux qui, pour des fautes personnelles, étaient condamnés à l'exil. Les uns furent faits chefs de barques, et les autres simples matelots; on les y fit monter chacun avec toute leur famille, et ils n'ont point d'autre maison, soit que les barques marchent, soit qu'elles demeurent à l'ancre. On leur fournit le riz et tout ce qui leur est nécessaire pour leur subsistance. Voilà sans doute ce qui a pu faire écrire qu'il y avait des castes à la Chine; si cela suffisait pour l'assurer, on pourrait dire pareillement qu'en Europe ceux qui sont condamnés aux galères ou à l'exil font une caste particulière. Le reste des Chinois a toujours été divisé en gens de lettres, en gens de guerre, en marchands, laboureurs, artisans, comme partout ailleurs.

Vous me demandez, monsieur, s'il paraît ici des *aurores boréales*, et vous souhaitez que je vous en rende compte ; c'est sur quoi je ne puis vous contenter : le ciel nous refuse ici ces beaux spectacles qu'il vous prodigue à Paris ; je croirais presque que c'est par compassion envers les pauvres mathématiciens chinois, pour qui tous phénomènes sont fort à charge puisque le moins qui leur en coûte, c'est de faire à leur dépens le voyage de la cour pour en rendre compte. Là, on les regarde comme gens qui apportent de mauvaises nouvelles ; car, selon eux, toute nouveauté qui paraît au ciel marque presque toujours son indignation contre le maître qui gouverne ou contre les mauvais mandarins qui foulent le peuple. Je comparerai volontiers ceux qui veillent jour et nuit sur l'observatoire de Pékin aux védettes de nos armées, qui ne souhaitent rien moins que de voir approcher l'ennemi, parce qu'il n'y a que des coups à gagner pour eux.

J'attends avec impatience votre excellent ouvrage sur les aurores boréales ; j'espère y trouver l'éclaircissement de quelques doutes ; car il ne me semble pas que tant de feu, tant de lumière puissent tirer leur origine de notre air, je veux dire de ce corps fluide qui entoure toute la terre et qu'on nomme *atmo-*

sphère. Il doit y avoir au-dessus d'autres matières inflammables qui circulent, quelquefois assez bas pour atteindre notre atmosphère, et s'enflammer, ou par la fermentation que peut causer ce mélange, ou par attraction contre des corps hétérogènes. Croyez-vous que notre atmosphère terrestre soit si ronde qu'elle n'ait pas des pointes, des pyramides qui s'élèvent plus ou moins, selon la qualité du lieu de la terre auquel elles répondent perpendiculairement? car il me semble que l'atmosphère n'est pas partout égale; qu'elle suit la nature du pays, et que les colonnes d'air les plus grossières pressent les plus subtiles, et les font monter au-dessus des autres; elles peuvent par conséquent rencontrer aisément cette matière dont j'ai parlé, et prendre feu, supposé qu'elles y aient de la disposition, c'est-à-dire qu'elles aient plus de particules de soufre, ou d'autres matières inflammables que les autres colonnes d'air voisin. Le retour des aurores boréales marque assez que la matière qui les occasionne va, vien s'approche, s'éloigne de nous. Mais d'où vient ce mouvement irrégulier? quelle est la cause qui le lui imprime? l'aurore a-t-elle quelque rapport, quelque liaison avec les autres phénomènes extraordinaires, comme la lumière zodiacale, les comètes, etc. ? C'est ce que je ne sais pas, que j'apprendrai sans doute par la lecture de votre ouvrage.

Mort de l'empereur. — Avénement de son successeur. — Eclipse
solaire.

Avant que de fermer ma lettre, je la finis par une
nouvelle qui nous intéresse fort. Le 7 d'octobre, l'empereur *Yong - Tching*, ayant donné audience à son ordinaire, depuis environ midi jusqu'à deux heures, se
sentit incommodé ; il se retira pour prendre du repos
et quelques remèdes. Le même jour, avant neuf heures du soir, il mourut à sa maison de plaisance nommée *Yuen-ming-yuen*, âgé de cinquante-huit ans, la
treizième année de son règne. Son corps fut apporté
après minuit au palais de la ville, comme s'il eût été
simplement malade. On publia quelques jours après
qu'il n'était mort que le huitième du mois, vingttroisième de la huitième lune. De plusieurs enfants
qu'il a eus, il ne lui en reste que trois ; aucun d'eux
n'est légitime, l'impératrice étant morte depuis quelque temps sans lui avoir donné d'enfants. L'aîné des
trois, âgé de vingt-six ans, a monté sur le trône sans
aucune contradiction, quoiqu'il n'ait été nommé que
secrètement prince héritier, ainsi qu'il l'a déclaré luimême devant tous les grands, en leur marquant l'année et le jour où l'acte a été fait, et le lieu où il était
déposé.

Le peuple, instruit de *l'éclipse solaire* qui devait arriver au bout de huit jours, ne manqua pas de gloser
sur cette mort subite, comme si elle y eût influé d'a

vance ; car tout le reste de l'année court sur le compte du défunt ; la suivante change de nom ; c'est par elle que commence le nouveau règne, et il est déjà arrêté qu'elle s'appellera *Kieng-long*. Cette éclipse devait être de huit doigts vingt minutes ; elle devait commencer le 16 d'octobre à sept heures et trois quarts deux minutes, et finir à dix heures et un quart trois minutes ; mais, ce qui est extraordinaire en cette saison, dès le matin le ciel se couvrit de nuages, de sorte qu'on n'en vit ni le commencement ni la fin. Ces nuages furent d'autant plus désagréables pour nous, que la veille de l'éclipse, et le jour suivant, le temps fut très-serein. Les mathématiciens chinois qui observaient sur la tour avec les pères Kegler et Pereyra, se réjouissaient de n'avoir presque rien vu. Ils allèrent bien contents en rendre compte au nouvel empereur, en le félicitant de ce que le ciel, pour récompenser sa piété et ses autres vertus, lui avait épargné le chagrin de voir le soleil éclipsé. Cela seul ne confirme-t-il pas, monsieur, ce que je vous ai écrit, que l'astronomie languira toujours à la Chine ? Et comment y ferait-elle quelques progrès, si ceux qui sont seuls chargés d'observer le ciel ne souhaitent rien tant que de n'y voir rien d'extraordinaire ? J'ai l'honneur d'être, etc.

SEPTIÈME LETTRE.

Voyage de *Macao* à *Pékin*. — Maison de plaisance. — Palais. — Foire.

Je vous parlerai d'abord de mon *voyage de Macao à Pékin*. Nous y sommes venus appelés par l'empereur, ou plutôt avec sa permission. On nous donna un officier pour nous conduire ; on nous fit accroire qu'on nous défrayerait, mais on ne le fit qu'en paroles, et, à peu de choses près, nous vînmes à nos dépens. La moitié du voyage se fait dans des barques. On y mange, on y couche ; et ce qu'il y a de singulier, c'est que les honnêtes gens n'osent ni descendre à terre, ni se mettre aux fenêtres de la barque pour voir le pays par où l'on passe. Le reste du voyage se fait dans une espèce de cage qu'on veut bien appeler litière. On y est enfermé pendant toute la journée ; le soir la litière entre dans l'auberge, et encore quelle auberge ! de façon qu'on arrive à Pékin sans avoir rien vu, et la curiosité n'est pas plus satisfaite que si on avait toujours été enfermé dans une chambre. D'ailleurs, tout le pays qu'on trouve sur cette route est un assez mauvais pays, et quoique le voyage soit de six ou sept cents lieues, on n'y rencontre rien qui mérite attention, et l'on ne voit ni monuments ni édifices, si ce n'est quelques *miao* ou temples d'idoles, qui sont des bâtiments de bois à rez-de-chaussée, dont tout le prix et toute la beauté consistent en quelques mauvaises peintures et quelques vernis fort grossiers. En vérité, quand on a vu ce que l'Italie et la France ont de monuments et d'édifices, on n'a plus que de l'indifférence ou du mépris pour tout ce que l'on voit ailleurs.

Il faut cependant en excepter *le palais de l'empereur à Pékin*, et ses maisons de plaisance ; car tout y est grand et véritablement beau , soit pour le dessin, soit pour l'exécution, et j'en suis d'autant plus frappé, que nulle part rien de semblable ne s'est offert à mes yeux. Il consiste en général dans une grande quantité de corps de logis, détachés les uns des autres, mais dans une belle symétrie, et séparés par de vastes cours, par des jardins et des parterres. La façade de tous ces corps de logis est brillante par la dorure, le vernis et les peintures. L'intérieur est garni et meublé de tout ce que la Chine, les Indes et l'Europe ont de plus beau et de plus précieux.

Pour les *maisons de plaisance*, elles sont charmantes. Elles consistent dans un vaste terrain, où l'on a élevé à la main de petites montagnes, hautes depuis vingt jusqu'à cinquante à soixante pieds, ce qui forme une infinité de petits vallons. Des canaux d'une eau claire arrosent le fond de ces vallons, et vont se joindre en plusieurs endroits pour former des bassins. On parcourt ces canaux et ces bassins sur de belles et magnifiques barques. J'en ai vu une de treize toises de longueur et de quatre de largeur, sur laquelle était une superbe maison. Dans chacun de ces vallons, sur le bord des eaux, sont des bâtiments parfaitement assortis de plusieurs corps de logis, de cours, de galeries ouvertes et fermées, de jardins, de parterres, de cascades, etc., ce qui fait un assemblage dont le coup d'œil est admirable. On sort d'un vallon par des circuits ornés de petits pavillons, de petites grottes, et au sortir desquels on retrouve un second vallon tout différent du premier, soit pour la forme du terrain, soit pour la structure des bâtiments. Les collines sont couvertes d'arbres à fleurs : c'est un vrai paradis terrestre. Les canaux sont bordés tout rustiquement avec des morceaux de roche, dont les uns avancent, les autres reculent, et qui sont comme l'ouvrage de la nature. Les bords sont semés de fleurs qui sortent des rocailles ; chaque saison a les siennes. Outre ces canaux, il y a partout des sentiers, pavés de petits cailloux, qui conduisent d'un vallon à l'autre.

Arrivé dans un vallon, on aperçoit les bâtiments. Toute la façade est en colonnes et en fenêtres ; la charpente dorée, peinte, vernissée ; les murailles de brique grise, bien taillée, bien polie ; les toits sont couverts de tuiles vernissées, rouges, jaunes, bleues, vertes, violettes, qui par leur mélange et leur arrangement font une agréable variété de compartiments et de dessins. Ces bâtiments n'ont presque tous qu'un rez-de-chaussée. Ils sont élevés de terre de deux, quatre, six ou huit pieds. Quelques-uns ont un étage. On y monte par des rochers qui semblent être des degrés faits par la nature. Rien ne ressemble tant à ces palais fabuleux des fées, qu'on suppose au milieu d'un désert, élevés sur un roc dont l'avenue est raboteuse et va en serpentant. Les appartements, très-bien distribués, répondent à la magnificence du dehors. Les meubles et les ornements y sont d'un goût exquis et d'un très-grand prix. On trouve dans les cours et dans les passages des vases de marbre, de porcelaine ou de cuivre, pleins de fleurs. Au-devant de ces maisons on a placé, sur des piédestaux de marbre, des figures en bronze ou en cuivre d'animaux symboliques, et des urnes pour brûler des parfums. Chaque vallon a sa maison de plaisance, petite, eu égard à l'étendue de tout l'enclos, mais en elle-même assez considérable pour loger le plus grand de nos seigneurs d'Europe avec toute sa suite. Plusieurs de ces maisons sont bâties de bois de cèdre, qu'on amène à grands frais de cinq cents lieues. Il y en a plus de deux cents, sans compter autant de maisons pour les eunuques, car ce sont eux qui ont la garde de chaque palais.

Les canaux sont coupés, de distance en distance, par des ponts de briques, de pierres de taille ou de bois. Ils ont pour garde-fous des balustrades de marbre blanc travaillées avec art et sculptées en bas-reliefs. Du reste, ils sont toujours différents entre eux par la construction : ils vont en tournant et en serpentant, de sorte que tel pont pourrait n'avoir que trente à quarante pieds s'il était en droite ligne, qui, par les contours qu'on lui fait faire, se trouve en avoir cent ou deux cents. On en voit qui ont de petits pavillons de repos portés sur quatre, huit ou seize colonnes. D'autres ont aux deux bouts des arcs de triomphe de bois ou de marbre blanc, d'une structure très-jolie, mais infiniment éloignée de toutes nos idées européennes.

J'ai dit plus haut que les canaux vont se rendre et se décharger dans des bassins. Il y a un de ces bassins qui a près d'une demi-lieue de diamètre, et à qui on a donné le nom de mer. C'est un des plus beaux endroits de cette maison de plaisance. Il y a sur les bords de grands corps de logis séparés entre eux par des canaux et par des montagnes. Une île ou rocher, au milieu de cette mer, s'élève d'une manière raboteuse et sauvage, à une toise ou environ de la surface de l'eau. Sur ce rocher est bâti un petit palais, où cependant l'on compte plus de cent chambres ou salons. Il a quatre faces, et il est d'une beauté et d'un goût que je ne saurais vous exprimer. La vue en est admirable. Les bords de ce charmant bassin son variés à l'infini; aucun endroit ne ressemble à l'autre; ici, ce sont des quais de pierre de taille où aboutissent des galeries, des allées et des chemins ; là, ce sont des quais de rocaille, construits en espèce de degrés avec tout l'art imaginable, ou bien ce sont de belles terrasses, et de chaque côté un degré pour monter aux bâtiments qu'elles supportent ; et au-delà de ces terrasses il s'en élève d'autres avec d'autres corps de logis en amphithéâtre ; ailleurs c'est un bois d'arbres à fleurs qui se présente à vous ; un peu plus loin vous trouvez un bosquet d'arbres sauvages, et qui ne croissent que sur les montagnes les plus désertes. Çà et là sont quantité de cages et de pavillons, moitié dans l'eau et moitié sur terre, pour toutes sortes d'oiseaux aquatiques ; comme sur terre on rencontre de temps en temps de petites ménageries et de petits parcs pour la chasse. Il y a plusieurs réservoirs entourés d'un treillis fort fin de fil de cuivre, pour empêcher les poissons de se répandre dans le bassin. Enfin, pour vous faire mieux sentir toute la beauté de ce seul endroit, je voudrais pouvoir vous y transporter lorsque ce bassin est couvert de barques dorées, vernies, tantôt pour la promenade, tantôt pour la pêche, tantôt pour le combat, la joûte et autres jeux ; mais surtout une belle nuit, lorsqu'on y tire des feux d'artifice, et qu'on illumine tous les palais, toutes les barques et presque tous les arbres ; car en illuminations, en feux d'artifice, les Chinois nous laissent bien loin derrière eux, et surpassent infiniment tout ce que j'avais vu dans ce genre en Italie et en France.

L'endroit où logent ordinairement l'empereur, l'impératrice et plusieurs autres personnes de la cour est un assemblage prodigieux de bâtiments, de cours, de jardins, etc., en un mot, c'est une ville ; les autres palais ne sont guère que pour la promenade, pour le dîner et le souper. Ce logement ordinaire de l'empereur est immédiatement après les portes d'entrée, les premières salles, les salles d'audience, les cours et leurs jardins ; il forme une île, il est entouré de tous les côtés par un large et profond canal ; on pourrait l'appeler un sérail. C'est dans les appartements qui le composent qu'on voit tout ce qu'on peut imaginer de plus beau en fait de meubles, d'ornements, de peintures, dans le goût chinois, de bois précieux, de vernis du Japon et de la Chine, de vases antiques de porcelaine, de soieries, d'étoffes d'or et d'argent. On a réuni là tout ce que l'art et le bon goût peuvent ajouter aux richesses de la nature.

De ce logement de l'empereur, le chemin conduit presque tout droit à une *petite ville*, bâtie au milieu de tout l'enclos. Son étendue est d'un quart de lieue en tous sens. Elle a ses quatre portes aux quatre points cardinaux, ses tours, ses murailles, ses parapets, ses créneaux. Elle a ses rues, ses places, ses temples, ses halles, ses marchés, ses boutiques, ses tribunaux, ses palais, son port, enfin tout ce qui se trouve en grand dans la capitale de l'empire s'y trouve en petit. On pourrait demander à quel usage est destinée cette ville où tout doit être pour ainsi dire étranglé et dès-là fort médiocre ; est-ce afin que l'empereur puisse s'y mettre en sûreté en cas de malheur, de révolutions ? Elle peut avoir cet usage, et cette vue a pu entrer dans le dessein de celui qui l'a fait cons-

truire ; mais son principal motif a été de se procurer
le plaisir de voir en raccourci tout le fracas d'une
grande ville toutes les fois qu'il le souhaiterait. Car
un empereur chinois est trop esclave de sa grandeur
pour se montrer en public quand il sort. Il ne voit
rien ; les maisons, les boutiques, tout est fermé. Partout on tend des toiles pour empêcher qu'il ne soit
aperçu. Plusieurs heures même avant qu'il passe, il
n'est permis à personne de se trouver sur son chemin, et cela sous peine d'être maltraité par les gardes. Quand il marche hors des villes, dans la campagne, deux haies de cavaliers s'avancent fort au loin
de chaque côté, autant pour écarter tout ce qui s'y
trouve d'hommes que pour la sûreté de la personne
du prince. Obligés ainsi de vivre dans cette espèce
de solitude, les empereurs chinois ont de tout temps
tâché de se dédommager et de suppléer, les uns
d'une façon, les autres d'une autre, aux divertissements publics que leur grandeur les empêche de
prendre.

Cette ville donc est destinée à faire représenter par
les eunuques, plusieurs fois l'année, tout le commerce, tous les marchés, tous les arts, tous les mé-
tiers, tout le fracas, toutes les allées, les venues et
même les friponneries des grandes villes. Aux jours
marqués, chaque eunuque prend l'habit de l'état et
de la profession qui lui sont assignés : l'un est un
marchand, l'autre un artisan, celui-ci un soldat, celui-là un officier. On donne à l'un une brouette à
pousser, à l'autre des paniers à porter ; enfin cha-

cun a le distinctif de sa profession. Les vaisseaux arrivent au port, les boutiques s'ouvrent, on étale les marchandises; un quartier est pour la soie, un autre pour la toile; une rue pour les porcelaines, une pour le vernis: tout est distribué. Chez celui-ci on trouve des meubles, chez celui-là des habits, des ornements pour les femmes; chez un autre des livres pour les curieux et les savants. Il y a des cabarets pour le thé et pour le vin, des auberges pour les gens de tout état. Des colporteurs vous présentent des fruits de toute espèce, des rafraîchissements en tout genre. Des merciers vous tirent par la manche, et vous harcèlent pour vous faire prendre de leurs marchandises. Là, tout est permis. On y distingue à peine l'empereur du dernier de ses sujets. Chacun annonce ce qu'il porte. On s'y querelle, on s'y bat; c'est le vrai tracas des halles. Les archers arrêtent les querelleurs; on les conduit aux juges dans leur tribunal. La dispute s'examine et se juge; on condamne à la bastonnade, on fait exécuter l'arrêt, et quelquefois un jeu se change, pour le plaisir de l'empereur, en quelque chose de trop réel pour le patient. Les filous ne sont pas oubliés dans cette fête. Ce noble emploi est confié à un bon nombre d'eunuques des plus alertes qui s'en acquittent à merveille. S'ils se laissent prendre sur le fait, ils en ont la honte, et on les condamne, ou du moins on fait semblant de les condamner à être marqués, bâtonnés ou exilés, selon la gravité du cas ou la qualité du vol. S'ils filoutent adroitement, les rieurs sont pour eux, ils ont des applaudissements, et le pauvre marchand est débouté de ses plaintes; cependant tout se retrouve la foire finie.

Cette foire ne se fait, comme je l'ai déjà dit, que pour le plaisir de l'empereur, de l'impératrice et des autres femmes; il est rare qu'on y admette quelques princes ou quelques grands, et s'ils y sont admis, ce n'est que quand les femmes se sont retirées. Les marchandises qu'on y étale et qu'on y vend appartiennent pour la plus grande partie aux marchands de Pékin, qui les confient aux eunuques pour les vendre réellement; ainsi tous les marchés ne sont pas feints et simulés. L'empereur achète toujours beaucoup, et vous ne devez pas douter qu'on ne lui vende le plus cher que l'on peut. Les femmes achètent de leur côté, et les eunuques aussi. Tout ce commerce, s'il n'y avait rien de réel, manquerait de cet intérêt piquant qui rend le fracas plus vif et le plaisir plus solide.

Au commerce succède quelquefois le labourage; il y a dans ce même enclos un quartier qui y est destiné. On y voit des champs, des prés, des maisons, des chaumières de laboureurs : tout s'y trouve; les bœufs, les charrues, les autres instruments. On y sème du blé, du riz, des légumes, toutes sortes de grains; on moissonne, on cueille les fruits, enfin l'on y fait tout ce qui se fait à la campagne, et dans tout, on imite d'aussi près qu'on le peut, la simplicité rustique et toutes les manières de la vie champêtre.

La fête des lanternes.—Prix d'une des maisons de plaisance de l'em‑
pereur. — Manière de vivre des Missionnaires dans ces maisons.

Vous avez lu sans doute qu'à la Chine il y a
une fête fameuse appelée la *fête des lanternes*; c'est
le 15 de la première lune qu'elle se célèbre. Il n'y a
point de si misérable Chinois qui, ce jour-là, n'al‑
lume quelque lanterne. On en fait et on en vend de
toutes sortes de figures, de grandeurs et de prix. Ce
jour-là toute la Chine est illuminée, mais nulle part
l'illumination n'est si belle que chez l'empereur, et
surtout dans la maison dont je vous fais la descrip‑
tion. Il n'y a point de chambre, de salle, de galerie
où il n'y ait plusieurs lanternes suspendues au plan‑
cher. Il y en a sur tous les canaux, sur tous les bas‑
sins, en façon de petites barques que les eaux amènent
et ramènent. Il y en a sur les montagnes, sur les
ponts et presque à tous les arbres. Elles sont toutes
d'un ouvrage fin, délicat, en figures de poissons,
d'oiseaux, d'animaux, de vases, de fruits, de fleurs,
de barques, et de toutes grosseurs. Il y en a de soie,
de corne, de verre, de nacre et de toutes matières. Il
y en a de peintes, de brodées, de tous prix. J'en ai
vu qui n'avaient pas été faites pour mille écus. Je ne
finirais pas si je voulais vous en marquer toutes les
formes, les matières et les ornements. C'est en cela,
et dans la grande variété que les Chinois donnent à
leurs bâtiments, que j'admire la fécondité de leur

esprit; je serais tenté de croire que nous sommes pauvres et stériles en comparaison.

Aussi leurs yeux, accoutumés à leur *architecture*, ne goûte pas beaucoup notre manière de bâtir. Voulez-vous savoir ce qu'ils en disent lorsqu'on leur en parle, ou qu'ils voient des estampes qui représentent nos bâtiments? Ces grands corps de logis, ces hauts pavillons les épouvantent; ils regardent nos rues comme des chemins creusés dans d'affreuses montagnes, et nos maisons comme des rochers à perte de vue, percés de trous, ainsi que des habitations d'ours et d'autres bêtes féroces. Nos étages surtout, accumulés les uns sur les autres, leur paraissent insupportables; ils ne comprennent pas comment on peut risquer de se casser le cou cent fois le jour en montant nos degrés pour se rendre à un quatrième ou cinquième étage. « Il faut, disait l'empereur Cang-Hi en voyant les plans de nos maisons européennes, il faut que l'Europe soit un pays bien petit et bien misérable, puisqu'il n'y a pas assez de terrain pour étendre les villes, et qu'on est obligé d'y habiter en l'air. » Pour nous, nous concluons un peu différemment, et avec raison. Cependant je vous avouerai que la manière de bâtir de ce pays-ci me plaît beaucoup; mes yeux et mon goût, depuis que je suis à la Chine, sont devenus un peu chinois. Pourtant il faut convenir de la beauté de notre architecture : rien n'est si grand ni si majestueux. Nos maisons sont commodes, on ne peut pas dire le contraire. Chez nous on veut l'uniformité partout et la symétrie. On veut qu'il n'y ait rien de dépareillé, de déplacé ; qu'un morceau réponde exactement à celui qui lui fait face ou qui lui est opposé ; on aime aussi à la Chine cette symétrie, ce bel ordre, ce bel arrangement. Le palais de Pékin, dont je vous ai parlé au commencement de cette lettre, est dans ce goût. Les palais des princes et des seigneurs, les tribunaux, les maisons des particuliers un peu riches, suivent aussi cette loi. Mais dans les maisons de plaisance on veut que presque partout il règne un beau désordre, une anti-symétrie rustique et naturelle. J'ai vu bâtir l'année dernière une de ces maisons qui coûta soixante *ouanes* (quatre millions et demi), sans parler des ornements et ameublements intérieurs. Celle que je viens de vous décrire a dû coûter des sommes immenses. Il n'y a en effet qu'un prince, maître d'un état aussi vaste que la Chine, qui puisse faire une semblable dépense, et venir à bout, en si peu de temps, d'une si prodigieuse entreprise ; car cette maison est l'ouvrage de vingt ans seulement : ce n'est que le père de l'empereur qui l'a commencée, et celui-ci ne fait que l'augmenter et l'embellir. Cette maison, qui s'appelle *Yven-ming-yven*, c'est-à-dire, le jardin des jardins, ou le jardin par excellence, n'est pas la seule qu'ait l'empereur. Il en a trois autres dans le même goût, mais plus petites et moins belles. Dans l'un de ces trois palais, bâti par son aïeul Cang-Hi, loge l'impératrice-mère avec toute sa cour ; il s'appelle *Tchang-tchun-yven*, c'est-à-dire, le jardin de l'éternel printemps. Ceux des princes et

des grands seigneurs ne leur ressemblent qu'en raccourci ; car il n'y a ici qu'un homme , c'est l'empereur. Tous les plaisirs sont faits pour lui seul. Ses
superbes maisons de plaisance ne sont guère vues
que de lui, de ses femmes et de ses eunuques ; il est
rare qu'il introduise ni princes ni grands au delà
des salles d'audience. De tous les *Européens* qui sont
ici , il n'y a que les peintres et les horlogers qui né-
cessairement et par leurs emplois aient accès partout.
L'endroit où nous peignons ordinairement est un de
ces petits palais dont je vous ai parlé. C'est là que
l'empereur nous vient voir travailler presque tous
les jours, de sorte qu'il n'y a pas moyen de s'ab-
senter ; mais nous n'allons pas plus loin, à moins
que ce qu'il y a à peindre ne soit de nature à ne
pouvoir être transporté ; car alors on nous introduit,
mais avec une bonne escorte d'eunuques. Il faut
marcher à la hâte et sans bruit, sur le bout de ses
pieds, comme si on allait faire un mauvais coup.
C'est par là que j'ai vu et parcouru tout ce beau
jardin , et que je suis entré dans tous les appartements. Le séjour que l'empereur y fait est de dix
mois chaque année. On n'y est éloigné de Pékin
qu'autant que Versailles l'est de Paris. Le jour, nous
sommes dans le jardin, et nous y dînons aux frais de
l'empereur ; pour la nuit nous avons dans une assez
grande ville ou bourgade, proche du palais, une
maison que nous y avons achetée. Quand l'empereur
revient à la ville, nous y revenons aussi, et alors
nous sommes pendant le jour dans l'intérieur du

palais, et le soir nous nous rendons à notre église.

J'ai été reçu de *l'empereur de la Chine* aussi bien qu'un étranger puisse l'être d'un prince qui se croit le seul souverain du monde; qui est élevé à n'être sensible à rien; qui croit un homme, surtout un étranger, trop heureux de pouvoir être à son service et travailler pour lui. Car, être admis à la présence de l'empereur, pouvoir souvent le voir et lui parler, c'est pour un Chinois la suprême récompense et le souverain bonheur. Ils achèteraient bien cher cette grâce, s'ils pouvaient l'acheter. Jugez donc si on ne me croit pas bien récompensé de le voir tous les jours. C'est à peu près toute la paie que j'ai pour mes travaux, si vous en exceptez quelques petits présents en soie, ou autre chose de peu de prix, et qui viennent encore rarement; aussi n'est-ce pas ce qui m'a amené à la Chine, ni ce qui m'y retient. Être à la chaîne d'un soleil à l'autre; avoir à peine les dimanches et les fêtes pour prier Dieu; ne peindre presque rien de son goût et de son génie; avoir mille autres embarras qu'il serait trop long de vous expliquer; tout cela me ferait bien vite reprendre le chemin de l'Europe, si je ne croyais mon pinceau utile pour le bien de la religion, et pour rendre l'empereur favorable aux missionnaires qui la prêchent, et si je ne voyais le paradis au bout de mes peines et de mes travaux. C'est là l'unique attrait qui me retient ici, aussi bien que tous les autres Européens qui sont au service de l'empereur.

Quant à la peinture, hors le portrait du frère de

l'empereur, de sa femme, de quelques autres princes et princesses du sang, de quelques favoris et autres seigneurs, je n'ai rien peint dans le goût européen. Il m'a fallu oublier, pour ainsi dire, tout ce que j'avais appris, et me faire une nouvelle manière pour me conformer au goût de la nation ; de sorte que je n'ai été occupé les trois quarts du temps qu'à peindre, ou en huile sur des glaces, ou à l'eau sur la soie, des arbres, des fruits, des oiseaux, des poissons, des animaux de toute espèce ; rarement de la figure. Les portraits de l'empereur et des impératrices avaient été peints, avant mon arrivée, par un de nos frères, nommé Castiglione, peintre italien, et très-habile, avec qui je suis tous les jours. Tout ce que nous peignons est ordonné par l'empereur. Nous faisons d'abord les dessins ; il les voit, les fait changer, réformer comme bon lui semble. Que la correction soit bien ou mal, il en faut passer par là sans oser rien dire. Ici l'empereur sait tout, ou du moins la flatterie le lui dit fort haut, et peut-être le croit-il : toujours agit-il comme s'il en était persuadé.

Nous sommes assez bien logés pour des religieux ; nos maisons sont propres, commodes, sans qu'il y ait rien contre la bienséance de notre état. En ce point, nous n'avons pas lieu de regretter l'Europe. Notre nourriture est assez bonne ; excepté le vin, on a à peu près ici tout ce qui se trouve en Europe. Les Chinois boivent du vin fait de riz, mais désagréable au goût et nuisible à la santé ; nous y suppléons par le thé sans sucre, qui est toute notre boisson.

HUITIÈME LETTRE.

Voyage de *Macao* à *Canton*, de *Canton* à *Nan-tchang*, de *Nan-tchang* à *Pékin*.

Mon révérend père, vous avez dû apprendre par les lettres de nos missionnaires quel est ici l'état présent de la religion; je me bornerai donc à vous entretenir de mon voyage de Canton à Pékin, et de ce que j'ai vu de plus surprenant dans la capitale de l'empire chinois.

Dès 1750, les jésuites de Pékin annoncèrent à l'empereur l'arrivée de trois de leurs confrères (deux jésuites portugais et moi), ajoutant que les connaissances que nous avions des sciences d'Europe, et entre autres des mathématiques, de la musique et de la pharmacie, pourraient être de quelque utilité, s'il plaisait à S. M. de nous faire venir dans sa capitale. Le prince y consentit de bonne grâce et ordonna qu'on nous fît voyager à ses propres frais. Quoique les infidèles vissent à regret de nouveaux ministres de l'Evangile appelés à la cour, cependant ceux qui étaient chargés de nous faire partir obéirent, et les mandarins de Canton envoyèrent au procureur de Macao, pour demander, selon la coutume, si nous étions arrivés, et si nous jouissions d'une bonne santé. Le 28 mars 1751, jour indiqué pour notre départ, nous nous rendîmes dans la barque qui devait nous transporter à Canton, où nous arrivâmes après cinq jours de navigation. Le vice-roi nous dispensa d'aller en personne le visiter ; des billets, fabriqués suivant le cérémonial du pays, nous acquittèrent de cette obligation, tant envers lui qu'envers les autres mandarins. Comme c'était aux frais de l'empereur que nous devions aller à Pékin, c'était au magistrat chinois à nous fournir le nécessaire, et à nous donner un mandarin pour veiller à notre sûreté durant la route. Les choses ne se font ici qu'avec lenteur : on fut soixante-quatre jours à terminer cette affaire. Enfin, le 1er juin 1751, on nous dit que nos affaires étaient terminées, que notre passe-port était expédié, et qu'on avait livré à nos gens l'argent nécessaire ; le mandarin qui devait nous conduire se présenta, et sur le soir nous fîmes force de rames vers le nord.

De Canton à *Nan-tchang*, je n'ai rien vu qui puisse mériter attention, excepté la *montagne* qui sépare la province de Canton de celle de *Kiang-si* : ce fut pour moi un des plus beaux spectacles ! Des vallons merveilleux, où coulent sans cesse une infinité de petits ruisseaux, la coupent par intervalles. Un grand chemin pavé de cailloux, que la nature a formés de différentes couleurs, et auxquels la multitude de ceux qui passent a donné le poli du plus beau marbre, la sépare pour la commodité et l'agrément des voyageurs. Les hommes seuls peuvent faire sur ce chemin la fonction que font ailleurs les bétes de charge, encore faut-il qu'ils n'aient aux pieds que des souliers tressés avec une espèce de corde particulière au pays. Il est fréquenté chaque jour par des milliers de personnes, de sorte qu'il ressemble à un marché ou à une foire perpétuelle. Nous fûmes un jour entier à traverser cette montagne; après nous nous rembarquâmes pour Nan-tchang.

Nous employâmes quarante-cinq jours pour nous rendre de Nan-tchang à *Pékin*. Le mandarin qui nous conduisait ne nous faisait avancer qu'à très-petites journées. Plus d'une fois nous le priâmes de nous faire aller un peu plus vite, nous eûmes toujours de lui la même réponse. « Vous êtes étrangers, nous disait-il, vous ignorez nos coutumes; par ordre de l'empereur, je suis chargé de vos précieuses personnes; il fait grand chaud, je n'ai garde de vous exposer à tomber malades. D'ailleurs, ajoutait-il, il n'y a que des hommes vils qui puissent voyager avec précipitation. » Il fallut nous contenter de ces raisons, et nous résoudre à dévorer patiemment tout l'ennui d'une route la plus fastidieuse qui soit peut-être au monde; car ne croyez pas, je vous prie, qu'on voyage ici comme on le fait ailleurs. Enfermé dans une litière comme dans une boîte, à peine, pour pouvoir respirer, est-il permis d'en entr'ouvrir les petites lucarnes qu'on y a ménagées des deux côtés. Arrivé dans les auberges pour prendre ses repas ou son repos, ce serait une indécence monstrueuse que d'en sortir pour aller repaître ses yeux de ce qu'il pourrait y avoir de curieux dans la ville. Ainsi dans une route de cinq cents lieues, et dans un des plus beaux pays du monde, je n'ai pas vu de quoi pouvoir vous entretenir un quart d'heure.

Présentation à l'empereur. — Célébration de la 60e année de la mère de l'empereur. — Préparatifs pour cette fête.

Le 22 août, nous arrivâmes à *Pékin*. Monseigneur l'évêque nous attendait à sa chapelle revêtu de ses habits pontificaux. Les circonstances de la dernière persécution lui fournirent les termes les plus pathétiques et les plus attendrissants, pour un petit discours qu'il nous adressa, après lequel, au son des instruments chinois, il entonna la messe pour remercier Dieu de lui avoir amené un renfort contre l'ennemi commun du genre humain. Quelques jours après, nous nous transportâmes à *Hai-tien* (à trois lieues de Pékin), où était pour lors la cour. Le seigneur tartare qui est chargé des affaires qui nous concernent, fit avertir l'empereur que les Européens nouvellement arrivés venaient avec leurs confrères rendre hommage à sa majesté, et lui offrir des présents, sur quoi ce prince répondit à la manière accoutumée les trois mots suivants: « Je le sais. » Car ici l'empereur sait toujours tout. On nous dit de faire les cérémonies prescrites pour ces sortes d'occasions. Nous étions pour lors rangés de front sur une même ligne, et la face tournée du côté de l'appartement de l'empereur ; nous nous prosternâmes d'abord avec gravité et dans un silence profond et respectueux. Trois fois nous frappâmes la terre du front. Nous nous relevâmes pour faire de nouveau la même cérémonie, que nous recommençâmes une troisième fois ; après quoi on nous ordonna d'attendre les ordres de sa majesté. Quelques heures s'étant écoulées, on vint nous dire que l'empereur nous avait fait l'honneur d'accepter plusieurs des choses qu'on lui avait présentées de notre part. On ajouta qu'il nous envoyait des mets de sa table. On nous les livra en même temps, et nous les mangeâmes, étant debout dans la cour même où nous étions. Ainsi finit la *cérémonie de notre réception au service de l'empereur.* Je vais vous raconter une autre cérémonie qui n'arrive pas souvent et qui est digne de votre curiosité. Je vous prie seulement de vouloir bien vous rappeler en me lisant que je ne raconte que ce que j'ai vu, afin que si vous y trouvez du merveilleux, vous ne soyez pas tenté de le révoquer en doute.

C'est une ancienne coutume à la Chine de célébrer avec pompe la *soixantième année de la mère de l'empereur.* Quelques mois avant que cette princesse eût atteint cet âge, on eut ordre de s'y préparer. Tous les peintres, sculpteurs, architectes, menuisiers, etc., se mirent à faire chacun des chefs-d'œuvre de leur métier. Les décorations devaient commencer à la maison de plaisance d'Yuen-yuen, et se terminer au palais de Pékin, c'est-à-dire, à quatre lieues environ de distance. La marche devant se faire le long de la rivière, ce fut du côté de l'eau que se tournèrent tous les préparatifs. Le prince fit construire de nouvelles barques, à qui l'or et la diversité des couleurs dont elles étaient ornées donnaient un éclat éblouissant. Elles étaient destinées à porter l'empereur, l'impératrice sa mère, et toutes les personnes de leur suite. Mais à Pékin les froids sont extrêmes, et c'était dans la saison la plus rigoureuse de l'année qu'on devait faire la cérémonie; il était naturel de penser que la rivière ne serait pas navigable. Quelques mandarins cependant assurèrent à l'empereur qu'ils sauraient bien lever tous les obstacles; et, par leur ordre, des milliers de Chinois furent occupés nuit et jour, les uns à battre et agiter l'eau, pour empêcher qu'elle ne gelât, et les autres à rompre la glace qui s'était formée malgré les précautions de leurs camarades, et à la tirer du lit de la rivière; ce rude travail dura environ trois semaines, après lesquelles voyant que le froid s'augmentait toujours, et qu'il était enfin le plus fort, ils lui cédèrent la place, et se désistèrent d'une entreprise la plus téméraire qui fût jamais; il n'en coûta à son principal auteur que la privation d'une année de ses revenus, punition assez légère dans un pays, où c'est toujours un crime capital de se trouver dans l'impossibilité de tenir ce qu'on avait eu la témérité de promettre à l'empereur, et où il

en coûte si peu d'abattre les têtes. On déclara donc
les barques inutiles, et il fût conclu qu'on leur sub-
stituerait des traîneaux. Des deux côtés de la rivière
s'élevaient des bâtiments de différentes formes. Ici
c'était une maison carrée, triangulaire ou polygone,
avec tous ses appartements. Là c'était une rotonde,
ou tel autre édifice semblable ; où la rivière s'élar-
gissait, on avait fabriqué des maisons de bois soutenues par des colonnes plantées dans l'eau. La plupart
de ses maisons formaient des îles, dans lesquelles on
allait par des ponts. Il y en avait qui étaient entièrement isolées, d'autres étaient contiguës, et on pouvait communiquer de l'une à l'autre par des galeries
couvertes ; tous ces édifices étaient dorés, peints et
embellis dans le goût le plus brillant du pays. Ils
avaient chacun leurs usages particuliers. Dans les
uns étaient des chœurs de musique, dans les autres
des troupes de comédiens ; dans la plupart il y avait
des rafraîchissements et de magnifiques trônes pour
recevoir l'empereur et sa mère, supposé qu'il leur
prît envie de s'y arrêter pour goûter quelques moments de repos.

Dans la ville, autre spectacle encore plus beau
dans son genre ; depuis la porte jusqu'au palais, ce
n'était que bâtiments superbes, péristyles, pavillons,
colonnades, galeries, amphithéâtres, avec des tro-
phées et autres ouvrages d'architecture chinoise,
aussi éclatants les uns que les autres. Tout cela em-
belli de festons, de guirlandes et autres ornements
faits avec la plus belle soie, et de couleurs diffé-

rentes. L'or, les diamants imités et les pierreries y brillaient de tous côtés. Une grande quantité de miroirs d'un métal fort poli, par leur arrangement, en multipliant d'un côté les objets, les rassemblaient de l'autre en miniature pour en former un tout qui enchantait les yeux. Çà et là ces brillants édifices étaient interrompus par des montagnes et des vallons factices qui imitaient la nature. On y avait pratiqué des ruisseaux et des fontaines, planté des arbres et des broussailles, attaché des bêtes fauves, auxquelles on avait donné des attitudes si naturelles, qu'on eût dit qu'elles étaient animées. On y voyait des bonzeries avec leurs petits temples et leurs idoles. On avait fait, dans d'autres endroits, des vergers et des jardins, où l'on voyait des treilles avec leurs raisins dans leurs différents degrés de maturité; des arbres de presque toutes les sortes, qui portaient des fruits et des fleurs des quatre saisons de l'année. On les eût pris pour véritables, quoiqu'ils fussent artificiels. Dans divers endroits du passage on avait distribué des lacs, des étangs et des réservoirs avec leurs poissons et leurs oiseaux aquatiques ; on avait placé autre part des enfants, déguisés en singes et en d'autres animaux, qui jouaient entre eux le rôle qu'on leur avait appris. Comme c'était avec la peau même des animaux qu'ils représentaient qu'on les avait habillés, on pouvait aisément y être trompé. D'autres enfants étaient habillés en oiseaux et en jouaient le personnage. Des chœurs de musique, des troupes de comédiens, bateleurs et autres, étaient placés par intervalles le long de la rivière, et tâchaient, chacun suivant sa force, sa science ou son adresse, de faire quelque chose qui pût agréer, sinon à l'empereur et à sa mère, du moins à quelques grands de leur suite, au service desquels ils pouvaient espérer d'être admis. Les lanternes chinoises, par leur nombre, leur variété et leur arrangement, complétaient ce spectacle vraiment enchanteur. La police qui s'observa tant que durèrent les préparatifs de cette fête, me parut admirable. Il fut réglé que les rues (qui sont ici extrêmement larges) seraient partagées en trois parts; le milieu pour ceux qui étaient à cheval ou en équipages; un des côtés pour ceux qui allaient, et l'autre pour ceux qui venaient. Il ne fut pas nécessaire, pour faire observer cet ordre, que des grenadiers, la baïonnette au bout du fusil, ou le sabre nu à la main, menaçassent de frapper; quelques soldats, armés seulement d'un fouet, empêchèrent tout désordre et toute confusion. Ainsi des milliers de personnes voyaient tranquillement, dans l'espace de quelques heures, ce que peut-être elles n'eussent pas pu voir dans quinze jours sans cette précaution. Mais comme ce n'est pas ici l'usage que les femmes sortent et se mêlent parmi les hommes, et que d'ailleurs il n'était pas raisonnable qu'elles fussent privées d'un spectacle qu'on avait préparé principalement pour une personne de leur sexe, l'empereur y pourvut en indiquant certains jours pour elles seules. De cette façon tout le monde fut content et satisfit sa curiosité sans manquer à aucun des rites, ni à aucune bienséance du pays.

Tout ce qu'on s'était proposé de faire étant achevé, et l'impératrice mère ayant atteint sa soixantième année, la *cérémonie* eut lieu, ce qui tomba le vingtième jour de la onzième lune de la seizième année du règne de l'empereur Kien-Long, c'est-à-dire, le 6 janvier 1752. Je ne vous dirai rien de la marche et de l'ordre qui s'y observa, parce que je n'en ai rien vu moi-même. Dans ces sortes d'occasions, ainsi que toutes les fois que l'empereur sort, chacun se barricade dans sa maison, et il n'est pas permis à qui que soit, qui n'est pas en place pour cela, d'aller jeter des regards téméraires sur la personne du prince. On m'a dit seulement que l'empereur précédait sa mère de quelques pas, et lui servait d'écuyer. Ce prince était monté à cheval au sortir de la rivière, et l'impératrice mère s'était mise dans une chaise ouverte de tous côtés. Toutes les personnes de leur cour suivaient à pied. Leurs majestés s'arrêtaient de temps en temps pour examiner à l'aisé ce qui leur plaisait davantage.

Présent fait à l'empereur par les Européens.

Parmi les *présents* qui furent faits dans cette occasion, il se trouva ce qu'il y a de plus curieux et de plus rare dans les quatre parties du monde. Les Européens ne s'oublièrent pas. Comme ceux qui sont à la cour n'y sont reçus qu'en qualité de mathématiciens ou d'artistes, ils voulurent que leur offrande répondît à ces titres, et pût être du goût de l'empereur. Ils firent donc une machine, dont voici à peu près la description : un théâtre en hémicycle, d'environ trois pieds de haut, présentait dans son enceinte des peintures d'un goût délicat. Ce théâtre avait trois scènes de chaque côté, représentant chacune des dessins particuliers qu'on avait peints en perspective. Dans le fond était une statue habillée à la chinoise, tenant entre ses mains une inscription par laquelle on souhaitait à l'empereur la vie la plus longue et la plus fortunée. Cette inscription était *Vouan-nien-hoan*. Devant chaque scène étaient aussi des statues chinoises qui tenaient de la main gauche un petit bassin de cuivre doré, et de la main droite un petit marteau de même métal. Ce théâtre tel que je viens de le décrire, était supposé avoir été bâti sur le bord de l'eau. Le devant représentait un bassin du milieu duquel s'élevait un jet d'eau qui retombait en cascade ; une glace de miroir représentait le bassin, et des filets de verre, soufflés à la lampe par un homme du métier fort habile, étaient si déliés et imitaient si bien un jet d'eau, qu'on s'y trompait d'un peu loin ; autour du bassin on avait marqué un cadran en lettres européennes et chinoises. Une oie et deux canards étaient au milieu de l'eau à prendre leurs ébats. Les deux canards barbotaient, et l'oie marquait avec son bec l'heure présente. Le tout se mouvait par des ressorts que faisait aller une horloge dans la machine. Une pierre d'aimant qui était cachée aussi, et qui faisait le tour du cadran, se faisait suivre par l'oie, dont la plus grande partie était de fer. Quand l'heure était sur le point de sonner, la statue qui tenait en main l'inscription sortait de son appartement, qui était au fond du théâtre, et venait avec un profond respect montrer sa légende; ensuite les six autres statues jouaient entre elles un air en frappant, chacune sur son bassin, la note qu'on lui avait assignée, autant de fois et dans les temps que la musique le deman-dait. Cela fini, le porteur de l'inscription s'en retour-nait gravement, pour ne revenir qu'à l'heure suivante. Cette machine plut si fort à l'empereur, qu'il voulut en témoigner sa reconnaissance aux Européens. Il leur fit à son tour un don qui équivalait au moins à la dépense qu'on avait été obligé de faire pour la construction de ce que nous lui avions offert. L'hon-neur qu'il nous fit en cela est ici beaucoup plus pré-cieux que les grandes richesses. Il fit placer cette ma-chine dans un des endroits du palais où il va le plus souvent, et on l'y conserve encore aujourd'hui avec grand soin. C'est ainsi que nous tâchons, pour l'in-térêt de la religion, de gagner la bienveillance du prince et de lui rendre nos services utiles et néces-saires, afin de l'engager, sinon à devenir favorable aux chrétiens, du moins à ne pas les persécuter, et à laisser aux ministres du Seigneur la liberté de faire connaître Jésus-Christ à ceux qui voudront bien les écouter. On compte qu'il s'est dépensé, pour la fête que je viens de vous décrire, tant par l'empereur que par les différents corps ou particuliers qui y contri-buèrent, plus de trois cents millions.

NEUVIÈME LETTRE.

Le père Bazin, apothicaire et chirurgien. — Le P. *Veutavon,* horloger à la cour. — Sa faveur.

Mon révérend père, dans l'année qui a précédé mon arrivée à Canton, il y était venu un frère jésuite, nommé *Bazin,* apothicaire et chirurgien. C'est lui qui avait été autrefois médecin de Thomas-Kouli-Kan, et qui a demeuré en Perse vingt-huit ou trente ans. Il voulait se rendre à Pékin; mais le gouvernement de Canton s'y opposa. Dans ce même temps, le cinquième fils de l'empereur étant tombé malade, on demanda à nos pères de Pékin s'ils ne connaissaient point d'Européen qui fût versé dans la médecine. Ils répondirent qu'il en était arrivé un à Canton. A l'instant l'empereur dépécha un courrier extraordinaire pour le chercher; mais le F. Bazin était déjà parti, n'ayant pu rester à Canton après le départ des vaisseaux européens. Macao n'étant plus un asile sûr pour nous, il s'était rendu à l'île Maurice, ou l'Ile-de-France. Cependant le courrier de l'empereur avait mis tout en rumeur à Canton. On envoya des exprès de tous côtés pour avoir des nouvelles du F. Bazin. Des mandarins allèrent à Macao le chercher, et voulaient le faire trouver aux Portugais. On écrivit aux Indes et même en Europe pour le faire revenir le plus tôt qu'il serait possible. Enfin toute l'année rien ne fut plus désiré, plus attendu que ce frère, qui ne savait rien de tout ce qui s'était fait à son occasion, lorsque nous le prîmes sur notre vaisseau à l'île Maurice et le ramenâmes à Canton. Cette fois, loin d'être repoussé, aussitôt son arrivée, le F. Bazin fut mandé par le vice-roi, à qui je fus aussi présenté. Il nous reçut en grande cérémonie. Il nous demanda notre âge, si nous étions bien aises d'aller à Pékin, et si nous voulions y aller en habits chinois ou européens; nous lui dîmes qu'il était sur cela maître de décider. Il dit ensuite au F. Bazin qu'il pouvait partir quand il voudrait; que pour moi il délibérerait s'il pouvait prendre sur lui de m'envoyer à Pékin, sans avoir auparavant averti l'empereur; mais quelques jours après il nous fit avertir que nous étions les maîtres de partir tous les deux.

Arrivé à Pékin, j'ai été appelé à la cour en qualité d'*horloger*, ou plutôt de machiniste; car ce ne sont point des horloges que l'empereur nous demande, mais des machines curieuses. Feu le F. Thibaut lui a fait un lion et un tigre qui marchent seuls, et font trente à quarante pas. Je suis chargé de faire deux hommes qui portent un vase de fleurs en marchant. Depuis huit mois j'y travaille, et il me faudra bien

encore un an pour achever l'ouvrage. C'est ce qui m'a
donné plusieurs fois l'occasion de voir l'empereur de
près. C'est un prince grand et bien fait. Il a la phy-
sionomie très-gracieuse, mais faite en même temps
pour inspirer le respect. S'il use, à l'égard de ses sujets
d'une grande sévérité, je crois que c'est moins par
caractère que parce qu'il ne pourrait autrement con-
tenir, dans les bornes de la dépendance et du devoir,
deux empires aussi vastes que la Chine et la Tartarie.
Aussi les plus grands tremblent devant lui. Toutes
les fois qu'il m'a fait l'honneur de me parler, ç'a été
avec un air de bonté capable de m'inspirer la con-
fiance de lui parler pour le bien de la religion; et je
le ferai sûrement, si la providence me fournit encore
l'occasion d'avoir avec lui un entretien particulier.
La première fois que je l'ai vu, il était à côté de moi,
il m'interrogeait sur mon ouvrage, et je lui répondais
sans le connaître encore; car il n'a d'autre marque
distinctive qu'un petit bouton de soie rouge sur le
bonnet, ne différant en rien des particuliers quand
il n'est pas en cérémonie. Je le prenais pour quelque
grand, qui, avant l'arrivée de l'empereur, que je
savais devoir venir, était envoyé pour s'informer en
quel état étaient les choses. Je ne revins de mon erreur que lorsque je vis le mandarin se mettre à genoux
pour répondre à une question que fit l'empereur.
C'est un grand prince; il voit tout et fait tout par lui-
même. Dès la pointe du jour, en hiver comme en été,
il monte sur son trône, et commence les affaires. Je
ne comprends pas comment il peut entrer dans un si

grand détail. Dieu veuille le conserver encore long-temps ! Plus il avance en âge, plus il devient favorable aux Européens. Si le père des miséricordes daignait lui faire connaître l'Évangile, que la religion gagnerait bientôt à la Chine ce qu'elle perd peut-être tous les jours en Europe ! Du caractère dont il est, il est capable de tout entreprendre et de réussir en tout ; il n'a témoigné de crainte dans aucune occasion, et son esprit lui fournit des ressources dans les événements les plus imprévus.

Quant à moi, je suis obligé de me rendre tous les jours au palais, de sorte que je ne puis être à la ville avec mes frères, mon emploi me mettant dans la nécessité de demeurer à Hai-tien, où S. M. fait sa résidence ordinaire. J'avais auparavant avec moi le F. Attiret ; mais ce saint religieux, cet habile artiste est mort, comme vous savez, depuis quelque temps. Les autres missionnaires qui entrent au palais ne sont point Français, et habitent d'autres maisons. Si je n'avais, au reste, que les ouvrages que nous donne l'empereur, j'aurais le temps de respirer ; mais les princes et les grands de l'empire s'adressent aux Européens pour avoir soin de leurs montres et des horloges qui sont ici en grand nombre, et nous ne sommes que deux en état de les raccommoder, un père de la propagande et moi. Nous nous trouvons par là, je ne dis pas occupés, mais accablés de travail. Je n'ai pas même le temps d'apprendre les caractères chinois. Il est vrai aussi que par ce moyen on se procure des connaissances qui peuvent être utiles à la mission. J'ai en particulier celle du *frère de l'empereur*, qui est régent de l'empire en son absence. J'ai été trois fois chez lui, et il n'a pas dédaigné de nous venir visiter, le F. Attiret et moi, dans nos petites chambres. J'ai encore celle du *comte premier ministre*, le seul qui ait du crédit auprès de l'empereur. Il occupe cette place depuis vingt ans, et cela seul fait son éloge. Le mois passé, j'eus avec lui, dans son palais, un entretien assez long, où, assis à ses côtés, je lui dis clairement que nous n'avions d'autre dessein en venant ici que de prêcher l'Évangile, et ensuite de rendre nos petits services à l'empereur. J'ajoutai bien d'autres choses qui sûrement l'ont convaincu que nous n'avons aucune autre vue en venant à la Chine. Il pourrait bien résulter de cette conférence quelque avantage réel pour la religion ; et c'est cette seule espérance de lui être utile qui me fait travailler avec quelque plaisir aux instruments dont je vous ai parlé ; tandis que si je suivais mon inclination, j'aimerais bien mieux être dans les terres, occupé à l'instruction des néophytes et à la conversion des infidèles. La Providence a disposé des choses autrement, et j'espère qu'elle tirera sa gloire de tout.

Au reste, nous faisons au palais nos ouvrages tranquillement. Nous y avons des ouvriers qui travaillent sous notre direction : personne ne nous inquiète. J'y récite sans gêne, devant les mandarins infidèles, mon office et mes autres prières. Vous voyez par là combien nous y sommes libres pour l'exercice de notre religion, et combien l'empereur est discret à cet égard. On avait une espèce de *vase d'acier* auquel on souhaitait de faire donner une couleur bleue. On me demanda si je le pouvais ; ne sachant pas quel était l'usage de ce vase, je répondis d'abord que je pouvais du moins l'essayer. Mais sur ces entrefaites je fus averti que ce vase était destiné à des usages superstitieux ; les mandarins, qui le savaient bien, voulaient m'en faire un mystère. Alors j'allai les trouver, et je leur dis en souriant : « Quand vous m'avez proposé de préparer ce vase, vous n'avez pas ajouté que c'était pour tels et tels usages, qui ne s'accordent point avec la sainteté de notre religion. Ainsi je ne puis absolument m'en charger. » Les mandarins se mirent à rire, et ne me pressèrent pas davantage, témoignant assez par là le peu de cas qu'ils faisaient de leurs dieux ; ainsi le vase est resté tel qu'il était. L'empereur et les grands conviennent que notre religion est bonne. S'ils s'opposent à ce qu'on la prêche publiquement, et s'ils ne souffrent pas les missionnaires dans les terres, ce n'est que par des raisons de politique, et dans la crainte que sous le prétexte de la religion nous ne cachions quelque autre dessein. Ils savent en gros les conquêtes que les Européens ont faites dans les Indes ; ils craignent à la Chine quelque chose de pareil. Si on pouvait les rassurer sur ce point-là, bientôt on aurait toutes les permissions qu'on désire. J'ai l'honneur, etc.

DIXIÈME LETTRE.

Télescope offert à l'empereur. — Le frère *Pansi* fait le portrait d'un page.

Monsieur, vous savez que les nouveaux missionnaires qui viennent à Pékin, par ordre de l'empereur, doivent lui être présentés; mais vous ignorez peut-être que l'usage exige qu'ils lui fassent quelques présents. Deux nouveaux missionnaires étant arrivés, le P. *Méricourt* sous le titre d'horloger, et le F. *Pansi* en qualité de peintre, notre père supérieur me chargea de cette *présentation*.

Parmi les divers présents qu'ils devaient offrir, il y avait un magnifique *télescope* de nouvelle invention, un tableau peint par le F. Pansi, et une *machine pneumatique*; il fallait faire en sorte que sa majesté pût connaître le prix du télescope et l'usage de la machine pneumatique. Pour ce dernier objet, j'avais fait en chinois une explication de la théorie et des usages les plus curieux de cette machine. Je pris langue avec les officiers du palais, et leur confiai le placet de présentation, le catalogue des présents et mon explication de la machine pneumatique, ces sortes de choses devant parvenir à l'empereur, avant la présentation.

Notre père supérieur, avec quelques autres de notre église et moi, nous accompagnâmes les deux nouveaux venus. On nous avertit que l'empereur avait lu le billet de présentation, et l'on fit entrer les présents dans l'intérieur, afin que sa majesté pût les voir, lorsqu'elle en aurait le loisir et choisir ceux qui lui agréerait. On rapporta ceux des présents que l'empereur n'avait pas reçus, et l'on nous signifia ses ordres, savoir, que les deux nouveaux venus entreraient tout de suite au palais pour y exercer chacun son art.

L'essai de la machine pneumatique fut ajourné au printemps (nous étions en janvier) ; mais je fus appelé de suite pour disposer le télescope à l'usage de l'empereur, ce que je fis en le plaçant sous le portail de son appartement, et en le pointant vers un objet. Sa majesté sentit bientôt la supériorité de cet instrument sur tous ceux qu'elle avait vus jusqu'alors. Elle commit deux eunuques pour le porter continuellement à sa suite, et me chargea de les instruire à s'en servir et à le gouverner ; et, pour témoigner davantage sa satisfaction, outre les six pièces de soie dont elle venait de gratifier chacun des nouveaux missionnaires, elle me fit donner pour eux et pour moi trois autres grandes pièces, dont une seule valait cinq ou six des précédentes.

J'eus ordre quelques jours après de conduire le F. Pansi au palais, pour y faire ce que S. M. lui prescrirait. On nous mena dans une chambre à côté de l'appartement où était alors l'empereur. Peu après, on fit venir un *page*, dont S. M. voulait faire le *portrait*. A peine le F. Pansi eut-il crayonné la première esquisse, que l'empereur, se l'étant fait apporter, fit dire, en la renvoyant, qu'il reconnaissait déjà les traits du jeune homme. Cette première ébauche étant finie, à mesure que le F. Pansi y appliquait les couleurs, S. M. l'envoyait chercher, et, en la renvoyant, témoignait toujours un nouveau contentement. Ce frère, qui n'était pas accoutumé à travailler d'une manière si interrompue, était très-inquiet ; il craignait que l'empereur, en voyant de temps en temps des traits qui n'étaient pas encore finis, ne regardât sa peinture comme un barbouillage. Je le rassurai, en lui disant que S. M. était accoutumée à voir les progrès des tableaux qu'elle fait faire, et qu'elle en agissait ainsi à l'égard des FF. Castiglione, Attiret et autres, dont plusieurs ouvrages ne seraient point désavoués des plus habiles peintres de l'Europe.

L'empereur se fait peindre.— De quelle manière il veut être peint. — Il veut être peint en pied.

Le F. Pansi continuait le portrait du page, lorsqu'à la seconde séance l'*empereur*, qui était de plus en plus content de son habileté, nous envoya dire qu'il fallait surseoir pour le venir *peindre lui-même*. Nous entrâmes aussitôt dans l'appartement de S. M., à qui nous fîmes d'abord notre cérémonie, qu'elle ne nous permit pas d'achever ; mais nous faisant aussitôt relever, elle s'informa de l'âge et du pays du F. Pansi, de l'église où il demeurait, etc. Elle expliqua ensuite comment elle voulait être peinte. En effet, le goût de la Chine veut les portraits en face, et non un peu de biais comme on les fait en Europe. Il faut que les parties semblables des deux côtés du visage paraissent également dans le portrait, et qu'il n'y ait entre elles d'autre différence que celle que forment les ombres, selon l'endroit d'où vient le jour, de sorte que le portrait doit toujours regarder le spectateur ; d'où il arrive qu'il est ici plus difficile qu'ailleurs de réussir dans ce genre de peinture. Mais par réflexion l'empereur dit que le F. Pansi n'avait qu'à le peindre en particulier sur un de ses anciens portraits, et qu'ensuite il ferait en sa présence les changements que le temps écoulé aurait apportés aux traits de son visage. Je parlai au F. Pansi, et, de concert avec lui, je dis à S. M. que l'empereur, en faisant l'honneur au F. Pansi, de lui faire faire son portrait, devait permettre qu'il le peignît tel qu'il est actuellement ; que, quelque ressemblants qu'on supposât *les* autres portraits, ils représentaient les traits de S. M. tels qu'ils étaient alors ; mais que l'âge et les circonstances occasionnent toujours quelque changement dans les traits du visage ; et que si, en consultant un portrait déjà fait, on faisait aujourd'hui le portrait de S. M., il ressemblerait à l'empereur tel qu'il était dans ce temps-là, mais non pas tel qu'il est actuellement; que, quelques corrections qu'on fît dans la suite en présence de S. M., et en consultant les traits actuels de son visage, malgré ces corrections, le portrait n'aurait pas une certaine perfection qui dépend de l'ébauche primitive, où l'on a eu soin de prévoir les différents traits d'où dépend cette perfection. L'empereur nous dit que ces observations étaient justes. « Je suis, dit-il, actuellement tout différent de ce que j'étais lorsque tu es arrivé ici : combien y a-t-il de temps ?—Sire, il y a, répondis-je, vingt-huit ans que je suis à Pékin, et vingt-six que j'ai eu l'honneur de parler pour la première fois à V. M. — Eh bien ! reprit l'empereur, tu dois te rappeler combien j'étais alors maigre et fluet : et n'est-il pas vrai que si depuis ce temps-là tu ne m'avais point vu, tu ne pourrais me reconnaître, vu l'embonpoint où je suis ?—C'est, lui dis-je, le fréquent exercice que se donne V. M., et le régime qu'elle observe qui contribuent à cet embonpoint. Ordinairement à mesure qu'on approche de l'âge avancé, on sent ses forces et sa santé diminuer ; au contraire, les forces et la santé de V. M. semblent s'accroître avec son âge. C'est un bienfait de Dieu qui veut la conserver à ses peuples. — Quoique je me sente fort et robuste, reprit l'empereur, je m'aperçois que mes traits changent d'une année à l'autre, et que je suis tout différent de ce que j'étais lorsqu'on a fait mes anciens portraits. Ainsi Pan-ting-tchang (nom chinois du

F. Pansi) a raison. Qu'il me peigne donc ici, et se mette dans la situation qu'il croira la plus commode pour réussir. » L'empereur ayant demandé combien il faudrait de temps pour le peindre, et s'il pourrait pendant ce temps s'occuper à la lecture, à écrire, etc., après avoir interrogé le F. Pansi, je lui répondis que pour la première ébauche on emploierait deux ou trois heures; qu'après quelques jours, lorsque les couleurs seraient sèches, le peintre poserait une seconde couche de couleurs, à laquelle il emploierait plus ou moins de temps, selon que la première ébauche aurait plus ou moins réussi; au reste, que dès que S. M. le souhaiterait, elle n'aurait qu'à faire cesser l'ouvrage, qu'on reprendrait ensuite quand il lui plairait, sans que cela portât aucun préjudice; et que tandis qu'on serait occupé à la peindre, elle pourrait lire, écrire et faire ce qu'elle jugerait à propos, pourvu que son visage fût toujours dans une telle situation que le peintre en pût découvrir les différents traits, et que lorsque l'ouvrage exigerait une certaine situation, on prendrait la liberté d'en avertir S. M. « Ne manque donc pas, me dit l'empereur, de m'avertir lorsqu'il aura besoin que je change de situation. » L'empereur était sur une estrade de deux pieds d'élévation, assis à la tartare, les jambes croisées sur un coussin; un autre coussin était contre la muraille pour lui servir de dossier. A ses côtés il avait de petites tables, sur lesquelles étaient des pinceaux, des écritoires, différents papiers écrits et quelques livres. Sa robe était doublée d'une fourrure précieuse, dont le prix sur-

passe neuf ou dix fois celui des plus belles zibelines.
L'étoffe qui recouvrait cette fourrure était un damas
à fond jaune chamarré de dragons, qui sont pour les
empereurs de la Chine ce que les fleurs de lis sont
pour nos rois. Le bonnet était de fourrure noire, une
perle au sommet.

L'empereur, avant que le F. Pansi mît la main à
l'œuvre, nous fit approcher très-près de lui, afin que
ce peintre pût le considérer à son aise, et fit remarquer quelques-uns de ses traits auxquels il souhaitait
que le frère apportât une attention particulière. Le
F. Pansi, après avoir regardé attentivement S. M.,
commença à crayonner la première esquisse. L'empereur m'adressa plusieurs questions : il me demanda
ce que nous faisions en Europe avant que de venir à
la Chine ; si tous les Européens qui étaient à Pékin
étaient *religieux* ; pourquoi il ne venait guère ici que
des religieux ; à quel âge on se faisait religieux ; si
c'était depuis que nous étions religieux que nous
avions appris les sciences et les arts que nous exer-
çons ici.... Je tâchai de le satisfaire sur tous ces articles. Je lui dis qu'en Europe, avant de venir ici, nous
étions religieux ; que c'est ordinairement à seize ou
dix-huit ans qu'on se fait religieux, quelquefois même
dans un âge plus avancé ; que cet état est de travailler
à se perfectionner et à perfectionner les autres ; que
pour y parvenir, nous enseignions à la jeunesse, en
Europe, la grammaire, l'éloquence, la philosophie,
les mathématiques ; mais que toutes ces sciences n'é-
taient que notre second objet, le premier et le prin-

cipal étant d'enseigner la religion, de corriger les vices et de réformer les mœurs. Quant à la peinture, l'horlogerie et les autres arts de cette espèce, lorsqu'on en sait quelques-uns avant que de se faire religieux, on continue quelquefois de les exercer comme un simple amusement ; mais on ne les apprend pas, excepté lorsqu'on pense à venir à Pékin. « Comme on sait que V. M. agrée ces différents arts, ceux qui pensent à venir ici les cultivent et même les apprennent s'ils s'y sentent de la disposition. — Pan-ting-tchang, dit l'empereur, a-t-il appris la peinture depuis qu'il est religieux ? — Il y a peu de temps, répondis-je, que Pan-tin-tchang est religieux. Il était peintre séculier, et avait déjà acquis de la réputation dans son art. Comme il ne voulait point se marier et qu'il vivait dans le monde presque comme un religieux, on lui a proposé de se faire religieux pour pouvoir, avec nous, travailler au service de V. M., et il y a consenti. — Est-ce, dit l'empereur, que s'il ne se fût pas fait religieux il n'aurait pu venir ici ? — Il l'aurait pu, sire ; mais n'étant pas de nos frères, nous n'aurions pu le proposer à V. M. — Mais, dit l'empereur, si c'est un honnête homme que vous connaissiez, pourquoi feriez-vous difficulté de vous intéresser pour lui ? — Sire, lui dis-je, bien que nous le connaissions pour honnête homme et incapable de se comporter d'une manière qui pût faire déshonneur aux Européens, cependant s'il se comportait mal, comme il n'est point religieux, et qu'il n'aurait ni ici ni en Europe aucun supérieur dont il dépendît pour les mœurs et la conduite, nous n'aurions pas le pouvoir de le faire rentrer dans le devoir. »

L'empereur m'avait dit plusieurs fois de rassurer le F. Pansi, de peur qu'il ne fût trop timide en sa présence. « Autrement, disait-il, la crainte de ne pas réussir l'empêchera effectivement de réussir. Qu'il me peigne, ajoutait-il, avec la même assurance avec laquelle il peindrait un homme ordinaire ; qu'il prenne la posture qui lui sera la plus commode, et qu'il avertisse ingénument de ce qui pourrait nuire ou contribuer à la perfection de son ouvrage. En causant comme nous faisons, ajouta-t-il familièrement, je crains que le peintre n'en soit troublé ; ne vaudrait-il pas mieux que je me tusse ? » Je répondis à S. M. que tandis qu'elle conversait, son visage avait un air de bonté et de sérénité qui convient parfaitement à un portrait, et qui ne pouvait être si bien marqué lorsqu'elle s'appliquait. L'application, d'ailleurs, rend le visage moins ouvert, les traits bien moins marqués, et par conséquent plus difficiles à peindre. « Puisque cela est ainsi, dit l'empereur en posant sur sa table l'écrit qu'il avait en main, causons donc. » Et effectivement pendant près de sept heures que le F. Pansi, dans différentes séances, a employées à peindre S. M., elle m'a fait continuellement des questions sur toutes sortes de matières, me disant plusieurs fois de m'asseoir, que, vu ma santé faible et mon âge avancé, elle craignait que je ne fusse incommodé de rester si longtemps debout, et s'abaissant à parler avec moi avec toute la bonté et la familiarité qu'un père pourrait avoir avec un de ses enfants. Je rapporterai plus loin quelques-unes de ses questions, et les réponses que j'y ai faites. Le *sourcil gauche* de l'empereur est un peu interrompu par un espace vide. Comme le poil du sourcil cache cette difformité, on n'y avait point eu égard ; mais l'empereur, nous ayant fait approcher, nous fit voir cette séparation, et me dit de recommander au F. Pansi de la faire paraître. Je lui dis : « Si V. M. ne nous eût pas prévenus, nous ne nous en serions pas aperçus. — Eh bien, dit l'empereur en souriant, avertis-le de peindre ce défaut de telle sorte qu'on ne s'en aperçoive point si on n'a pas été prévenu, mais que lorsqu'on aura été prévenu, on puisse s'en apercevoir. C'est mon portrait qu'il peint, il ne faut pas qu'il me flatte. Si j'ai des défauts, il faut qu'il les représente, autrement ce ne serait pas mon portrait. Il en est de même des *rides de mon visage* ; il faut avertir le peintre de les faire paraître davantage. » Je dis qu'effectivement elles paraissaient très-peu, et que le peintre avait de la peine à s'en apercevoir. « Elles paraissent peu, dit l'empereur ; elles ne paraissent pas tant que les tiennes, quoique je sois plus âgé que toi. » Aussitôt il nous fit approcher, et s'étant fait apporter un petit miroir, il le tenait d'une main, et de l'autre il indiquait chacune de ces rides. « Qu'est-ce que cela, si ce ne sont pas des rides ? il les faut toutes représenter et ne pas me faire paraître plus jeune que je ne suis. A soixante ans passés, ne serait-il pas extraordinaire que je fusse sans rides ? Il

se fit quelque temps après apporter le portrait, et il
en fut si content qu'il le crut fini. Lorsqu'on lui dit
que ce n'était que la première ébauche, et qu'après
quelques jours, lorsque les couleurs seraient sèches,
il faudrait encore y remettre une seconde couche :
« Quoi ! dit-il ; je trouve actuellement ce portrait si
bien fait ; que sera-ce quand on y aura encore tra-
vaillé ? »

Après quelques jours, pendant lesquels le F. Pansi
retoucha son ouvrage dans notre maison, nous fûmes
rappelés au palais. Dès que nous fûmes entrés dans
l'appartement de S. M., le F. Pansi continua de la
peindre. Vers les deux heures, qu'on était prêt à servir son souper, elle nous envoya reposer, et ordonna
à ses eunuques de nous servir une collation dans une
chambre voisine. Pendant son souper, elle nous envoya du thé au lait de sa table. A deux heures un
quart nous fûmes rappelés. Le goût chinois, et en
particulier celui de l'empereur, ne veut dans les tableaux qu'autant d'ombres qu'il en est absolument
nécessaire. S. M. voulait aussi que sa barbe et ses
sourcils fussent peints de telle sorte qu'un grand
nombre de poils fussent distingués les uns des autres
par un trait fin du pinceau pour chacun ; mais
comme ce travail exige un temps considérable, je lui
dis que dans la suite le F. Pansi ferait cela à loisir
dans son particulier, et qu'il n'était pas nécessaire
que ce fût en présence de S. M. « Il me vient une autre idée, dit alors l'empereur ; mon premier dessein
était de ne faire faire mon *portrait* qu'en buste, mais

il vaut mieux qu'il me peigne *en grand*. On collera
du papier préparé tout autour de ce portrait, de telle
sorte qu'il ait sept pieds de haut sur quatre et demi
de large. On me représentera assis comme je suis,
une table devant moi, un pinceau à la main : je serai en *long pao* d'hiver (la robe avec des dragons). »
Et pour que le F. Pansi pût travailler au dessin de
la robe, l'empereur ne fit pas difficulté de permettre
qu'un eunuque, à peu près de sa taille, vêtit sa robe
de cérémonie. Pendant deux heures que le F. Pansi
employa à ce dessin, l'eunuque ne changea pas plus
la situation où on l'avait mis que si c'eût été une
statue.

Questions de l'empereur sur l'Europe.

Je reviens aux questions que m'a faites l'empereur,
lorsque je les ai interrompues. S. M. venait de me demander la manière dont nous venons ici. « Est-ce
votre roi qui vous envoie, me dit-il, ou bien est-ce de
votre propre mouvement que vous venez à la Chine?
— Sous le règne de Cang-hi, lorsque ce prince eut
gratifié les Français d'une église dans l'enceinte
même du palais, notre roi, informé de ce bienfait,
donna ordre de choisir parmi nous des mathématiciens et différents artistes, qu'il envoya ici pour le
service de ce grand empereur. Depuis ce temps-là,
nos supérieurs d'Europe ont tâché de nous envoyer

les sujets dont nous avions besoin.—Lorsque vos supérieurs vous ont choisis pour vous envoyer ici, est-il besoin d'en avertir votre roi ? — C'est toujours par ordre de notre roi, et à ses frais, que nous nous embarquons sur les vaisseaux français qui viennent à Canton. — Vos vaisseaux viennent donc à Canton ? — Ils y viennent, et ce sont eux qui ont apporté les estampes et les planches des victoires, que V. M. avait donné ordre de graver. — Apparemment c'est dans votre royaume que sont les plus habiles graveurs?—Il y a aussi, dans quelques autres royaumes d'Europe, des graveurs très-habiles; mais le Tsong-tou de Canton nous a fait l'honneur de préférer notre royaume, et a confié aux chefs de nos vaisseaux l'exécution de cet ouvrage. — Comme le sujet de ces estampes touche peu en Europe, on ne doit pas s'intéresser beaucoup à ce qui se passe dans des pays si éloignés. — On s'intéresse en Europe à toutes les belles actions, dans quelque pays qu'elles se fassent. Avant même que les dessins des victoires y fussent parvenus, on admirait déjà les glorieux exploits de V. M.—Parmi vos estampes d'Europe, il en est plusieurs qui représentent les victoires de vos souverains; contre qui remportent-ils ces victoires, et quels ennemis ont-ils à combattre? — Ils ont à combattre, pour l'intérêt de leurs propres états, contre d'autres états qui y donnent atteinte.—Vos royaumes n'ayant pas tous une égale puissance et une égale force, n'arrive-t-il pas quelquefois qu'un royaume plus fort envahisse quelques états plus faibles ? — La religion chrétienne recommande trop le respect mutuel que les têtes couronnées doivent avoir les unes pour les autres. »

L'empereur m'ayant fait différentes interrogations sur la *guerre*, je lui ai répondu que par rapport à cet objet, à la manière dont on combat, aux différents stratagêmes qu'on emploie, je ne pouvais, étant prêtre et consacré à Dieu, être bien au fait de ces articles. Mais lorsque je lui ai dit le respect que nous avions pour les têtes couronnées, même lorsqu'elles sont du parti ennemi, le respect qu'ont pour elles les vainqueurs lorsqu'elles tombent entre leurs mains, les attentions qu'on a pour les prisonniers qu'on a faits, les secours qu'on rend après une action aux blessés, même du parti ennemi : « Voilà, dit-il, ce qui s'appelle faire la guerre en nation policée. » L'empereur s'informa encore du nombre des états de l'Europe, des troupes que les différents souverains peuvent mettre sur pied, et si notre royaume avait relation avec la *Moscovie*, sur quoi je répondis que d'autres royaumes étant situés entre celui de Moscovie et le nôtre, ces deux états n'avaient rien à démêler ensemble; néanmoins que les savants de notre royaume entretenaient des relations avec ceux de Moscovie, comme avec les savants de tous les autres royaumes de l'Europe, pour se communiquer mutuellement les nouvelles découvertes qui peuvent contribuer au progrès des sciences et des arts; mais que ces sortes de communications sont tellement étrangères aux affaires d'état, que même en temps de guerre elles n'étaient pas ordinairement interdites..... S. M. demanda aussi comment, depuis un certain nombre d'années, les Moscovites avaient fait tant de progrès dans les sciences et les arts, et en quelle langue ils communiquaient avec eux. J'ai répondu que les Moscovites avaient attiré chez eux des savants et des artistes de différents royaumes, avaient érigé des écoles et des académies pour faire fleurir les sciences et les arts, et avaient fait de grands avantages à ceux qui y faisaient quelques progrès; que par rapport à la langue dans laquelle on communiquait avec la Moscovie, les autres royaumes ne cultivaient guère la langue moscovite, mais que les Moscovites cultivaient la *langue française*, qu'on parle même actuellement dans toutes les cours de l'Europe. Outre la langue française, dans laquelle on a traduit tout ce qui a été dit d'important par rapport à l'histoire, aux sciences et aux arts, il y a encore la *langue latine*, à laquelle on a donné ici le nom de langue mandarine d'Europe, parce que les anciens livres ont été la plupart écrits en cette langue. C'est en cette langue que sont écrites les prières publiques que font, dans les églises des chrétiens, les ministres de la religion chrétienne; et les savants de Moscovie aussi bien que de tous les autres royaumes d'Europe la savent..... S. M. me demanda en tartare si je savais la *langue tartare*, je répondis en tartare que j'entendais un peu cette langue, mais que, faute d'exercice, je ne pouvais la parler dans une conversation suivie. L'empereur continua ses *questions sur les différents pays de l'univers*, sur leurs mœurs et leurs coutumes, sur la manière dont nous les connaissions et en faisions les cartes, sur les possessions des Européens et leurs établissements dans des royaumes étrangers. « Je vois sur vos cartes, me dit-il, dans des pays bien éloignés de l'Europe, *Nouvelle-Espagne*, *Nouvelle-Hollande*, *Nouvelle-France*, que signifient ces termes de nouveaux royaumes? — Les vaisseaux d'Europe ayant abordé dans quelque pays jusqu'alors inconnu, les Européens y sont descendus, ils s'y sont établis, et ils y ont fondé des habitations qui se sont peu à peu agrandies. Les sauvages qui habitaient ce pays se sont peu à peu civilisés, et se sont joints à leurs nouveaux hôtes. Ces nouvelles habitations s'étant insensiblement accrues, on leur a donné le nom du royaume dont étaient ceux qui les y ont fondées. Ce sont des Espagnols qui ont découvert et habité ce qu'on appelle la Nouvelle-Espagne. Il en est ainsi de ce qu'on appelle la Nouvelle-France, la Nouvelle-Hollande. — Dans vos mappemondes, vous tracez tous les royaumes de l'univers ; vous n'avez pas été dans tous ces pays ; comment pouvez-vous en tracer la *carte ?* — Pour les peuples qui sont hors de l'Europe, en leur communiquant les cartes des pays dont on a déjà la description, ils ne font point difficulté de communiquer la carte du leur; et bientôt, convaincus de la justesse des méthodes des Européens pour dresser les cartes, ils imitent l'exemple de V. M. et de son illustre aïeul, en employant les Européens à faire les cartes de leur pays. — Il y a dans l'univers des points inaccessibles, qui ne sont point habités, et où vous n'avez pu pénétrer; il y en a dans lesquels on ne permet pas que vous entriez, tels que le Japon, qui n'est pas éloigné d'ici ; il vous manquera au moins la carte de ces pays.—Depuis que les Européens voyagent, il est peu de pays où ils n'aient pénétré. S'il y en a dont ils n'aient pu avoir la carte, ils ont la carte des pays voisins ; ils connaissent par conséquent les bornes, l'étendue, la vraie situation de ce pays ; les lieux par où entrent et sortent telles et telles rivières et cela suffit pour une carte générale. Par de nouvelles découvertes, et par les relations que le temps permet d'établir, on parvient à une entière connaissance de ce pays, dont on fait alors la carte particulière. Par rapport au Japon, nous en traçons la carte, parce que les Européens y ont autrefois pénétré, et en ont eu la carte. — Pourquoi n'avez-vous plus d'accès au Japon, et ne vous permet-on pas même d'y aborder? — Les souverains sont maîtres de leurs grâces. Lorsque les souverains du Japon nous ont admis, nous avons tâché de les servir de notre mieux. Lorsqu'ils refusent nos services, nous nous soumettons, mais nous ne sommes pas moins prêts à nous employer pour eux lorsqu'ils nous feront l'honneur de nous admettre.—Ce n'est pas précisément que les Japonais ne veuillent point de vous, dit l'empereur en souriant ; c'est quils ne veulent point de votre religion.» Sans me donner le temps de répondre, l'empereur me fit cette interpellation : «Tu sais les mathématiques : sais-tu aussi la *philosophie ?* Je l'ai enseignée pendant deux ans avant que de quitter l'Europe. — Puisque tu sais la philosophie, comment répondrais-tu à une question que l'on fait ici, en badinant, à nos philosophes : de l'œuf et de la poule, lequel a été créé le premier? — Pour réponse, j'exposerai simplement ce que nos livres saints nous apprennent de la *création du monde;* comment le cinquième jour Dieu créa les volatiles et les poissons, à qui il ordonna de se multiplier; et par conséquent, quoique la poule n'ait pu pondre des œufs que lorsqu'elle existait déjà, la faculté qu'a la poule de pondre des œufs, est aussi ancienne que la poule même.—Ce que ces livres vous apprennent de la création du monde est-il bien sûr ?—Nos livres sont très-anciens; on a toujours eu pour eux un respect infini, parce que toujours on les a crus inspirés de Dieu; ils nous ont été transmis de générations en générations, sans avoir souffert la moindre altération. »

A l'occasion de la création des *astres*, l'empereur fit beaucoup d'interrogations sur le mouvement, la grandeur, l'éloignement et la multitude des astres; sur les éclipses de soleil et de lune; sur l'inégalité des jours et des nuits, suivant les différents temps de l'année et les différents pays. Je n'avais ni globe ni sphère qui pût m'aider à expliquer ces divers phénomènes. Mais comme dans les appartements il y a des tables garnies de toutes sortes de bijoux, je prenais ceux qui étaient propres à représenter ce que j'avais à faire entendre. Malgré le peu de facilités à m'exprimer dans une langue aussi difficile que la chinoise, l'empereur est fait à mon jargon, et d'ailleurs les matières d'astronomie ne lui sont point étrangères. Ainsi il y a douze ans, lorsque je lui présentai une mappemonde avec une explication chinoise, où j'avais exposé le système du mouvement de la terre, sa majesté, après m'avoir fait différentes questions sur la manière dont nous établissons ce système, me dit en souriant : « Vous avez en Europe votre manière d'expliquer les phénomènes célestes ; et nous, nous avons aussi la nôtre, sans faire tourner la terre. » Effectivement, le lendemain après plusieurs questions sur le même sujet, il m'expliqua plusieurs des phénomènes célestes ordinaires avec une netteté et une justesse qu'on n'aurait pas dû attendre d'un prince qui a tant d'occupations. En ayant témoigné ma surprise à un eunuque de l'intérieur, je lui demandai si sa majesté donnait encore quelque temps à cette sorte d'étude. « Où en trouverait-elle le loisir ? me répondit l'eunuque. Mais elle va se promener à la classe des princes ses fils, ou elle les fait venir dans son appartement, et par manière d'examen, elle les interroge sur ces sortes de matières pour voir s'ils ont profité. »

Éducation des fils de l'empereur. — Questions sur le vin d'Europe et le vin chinois.

Il faut savoir que près de l'appartement ordinaire de l'empereur, soit à Pékin, soit à sa maison de plaisance de *Yuen-ming-Yuen*, il y a ce qu'on appelle un *Chang-chou-fang*, c'est-à-dire une *classe supérieure*, parce qu'elle est uniquement pour les fils de sa majesté. Dès qu'ils ont l'âge de profiter, il faut qu'ils soient en classe du matin jusqu'au soir. L'âge avancé et les emplois ne les en exemptent pas. Il y en a actuellement qui ont trente et plus d'années, et qui sont dans de grands emplois. Les jours même qu'ils vaquent à leurs emplois, dès qu'ils ont fini ce qui les regarde, il faut qu'ils se rendent exactement à la classe; autrement si l'empereur venait à savoir qu'ils s'en sont exemptés sans raison, il les punirait malgré leur âge avancé et leur dignité. Il y a dans cette classe des professeurs d'éloquence, d'histoire, de mathématiques; des maîtres pour apprendre à tirer de l'arc, etc., et chacun de ces maîtres a son temps déterminé pour donner sa leçon. J'ai connu particulièrement un mandarin du tribunal des mathématiques que l'empereur choisit pour enseigner les mathématiques aux fils et petits-fils de l'empereur. Il me racontait qu'en le chargeant de cette commission, sa majesté lui avait dit : « Aie soin de te faire obéir, et dans tout ce qui regarde ton emploi, prends sur tes élèves la même autorité que tous les maîtres doivent avoir sur leurs écoliers. J'aurai soin de veiller à ce que tu sois obéi. » C'est en effet à quoi l'empereur est extrêmement attentif, que ses enfants aient à l'égard de leur maître la même subordination que les gens ordinaires doivent avoir à l'égard du leur. Outre que, dans ses moments de loisir, il va quelquefois à la classe et assiste aux explications des maîtres qu'il fait répéter à ses enfants. il les fait même venir en particulier et les examine pour voir s'ils profitent.

J'ai été témoin qu'à certains jours de réjouissance, l'empereur, du lieu même du spectacle auquel il assistait, faisait venir un ou deux de ses fils, qui euxmêmes avaient déjà les leurs en classe, leur donnait le sujet d'une pièce d'éloquence qu'il leur faisait composer dans une chambre voisine, et ne leur accordait le plaisir de jouir du spectacle qu'après avoir été content de leur composition. C'est quelque chose d'étonnant que cette subordination des fils de l'empereur, quelque avancés qu'ils soient en âge. Il est vrai qu'ils ont en cela l'exemple de l'empereur leur père, qui, à l'âge de soixante-trois ans, bien loin de se dispenser à l'égard de l'impératrice sa mère, âgée de quatre-vingt-deux ans, d'aucune des cérémonies gênantes que le cérémonial chinois prescrit aux enfants envers leurs pères et mères, croirait manquer au premier devoir de la nature, dont un prince doit donner l'exemple à ses sujets, s'il ne s'abaissait pas autant devant sa mère que le dernier de ses sujets doit s'abaisser devant lui.

L'empereur s'étant aperçu qu'il fallait que j'expliquasse au F. Pansi tout ce qu'il disait en chinois, qui avait rapport à lui, me demanda s'il ne savait pas au moins quelques mots de la langue chinoise; je lui répondis qu'il en savait très-peu. « Ces nouveaux Européens qui viennent de Canton ici, ne sachant pas encore la langue, doivent être bien embarrassés dans le voyage? — Ils ont un interprète qui les accompagne de Canton jusqu'ici. — Mais pour les choses dont ils peuvent avoir un besoin continuel, selon vos usages, comment peuvent-ils se faire entendre de ceux qui les servent? — Nous leur envoyons ordinairement des *gens de notre église*, qui sont au fait de nos usages, pour les accompagner de Canton jusqu'ici. — Les gens de votre église n'apprennent-ils pas votre langue? — Ils ne l'apprennent pas, et ce n'est que très-rarement qu'il y en a qui la savent un peu. — Mais ne savent-ils pas votre loi et ne sont-ils pas de votre religion? — Ils professent notre religion, sans qu'ils aient besoin de savoir notre langue. Tout ce qui regarde notre religion a été traduit en chinois, et expliqué dans des livres, lesquels, la seconde année de *Yong-Tching*, furent présentés à S. M., qui nous les fit rendre après les avoir donnés à examiner. — Il est probable que vous n'admettriez pas dans vos églises des gens qui ne seraient pas de votre religion. — Un infidèle qui est honnête homme et qui passe pour tel, nous ne faisons aucune difficulté de l'admettre dans nos maisons. Mais cet infidèle, après avoir demeuré quelque temps à notre église, et avoir connu ce que c'est que la religion chrétienne, ne manque pas de l'embrasser; et actuellement nous n'avons dans notre église aucun de nos gens qui ne soit chrétien. — Malgré cela, il vous sera difficile de les conduire, vu le caractère des gens de ce pays-ci, et ils ne manquent pas de vous causer bien des tracasseries. — Ils ne nous en causent aucune, parce que nous ne les maltraitons ni d'injures ni de coups. S'ils ne sont pas contents de nous, ils prennent leur congé; si nous ne somme pas contents d'eux, nous les renvoyons. — Moyennant cela, vous devez avoir de bons sujets, puisque dès qu'ils ne font pas leur devoir vous les renvoyez ; ils ne sont donc pas vos esclaves ? — Nous ne sommes pas dans l'usage de nous servir d'esclaves ou de gens achetés ; nous n'avons que des gens loués, qui demeurent chez nous de leur plein gré, et que nous sommes libres de renvoyer. — Combien leur donnez-vous par mois ? — Nous leur donnons par mois un *tiao* (c'est à peu près 4 francs 50 c. de la monnaie de France). — Comment peuvent-ils se tirer d'affaire avec un *tiao* ? sans doute que vous y ajoutez des *changs* (des récompenses)? — Outre qu'ils sont nourris dans notre église, qu'ils y vivent retirés, et qu'ils n'ont pas grande dépense à faire en habits, ils sont exempts d'une infinité de dépenses dont ils ne peuvent se dispenser quand ils servent chez les séculiers ; d'ailleurs nous leur donnons des récompenses proportionnées à leur travail et à leurs talents. — Ceux parmi vous qui sont *tang-tchay* (occupés au service de l'empereur) ont besoin de montures ; quels arrangements prenez-vous par cela ? — On fournit à chacun une monture suivant son besoin. — Qui est-ce qui les fournit ? — C'est l'affaire du *tang-kia* (notre supérieur) d'y pourvoir pour ceux qui doivent sortir. — Si quelqu'un veut avoir plusieurs domestiques, lui en donne-t-on autant qu'il en veut ? — Le tang-kia assigne à chacun un domestique qui l'accompagne lorsqu'il va dehors, et qui l'aide, à la maison, à broyer des couleurs, à préparer des remèdes, etc. On ne permet que ce domestique à chacun, hors que dans certaines circonstances la nécessité n'exige qu'on lui ajoute des aides. — Mais les habits, apparemment chacun se les fera faire selon son goût? — C'est aussi le tang-kia qui les fournit à chacun selon le besoin. Il n'y a qu'à les lui demander. — Ceux qui ont des soieries ou autre chose en présent, qu'en font-ils donc, puisqu'on les fournit d'habits? — Tout ce que chacun reçoit en présent, *soieries, montures*, etc., quoi que ce soit, on le remet au tang-kia, excepté quelques menus effets, comme bourses, sachets d'odeur, pinceaux, etc., que l'usage permet à chacun de garder. Par exemple, les soieries dont V. M. nous a dernièrement gratifiés, nous avons aussitôt remises entre les mains du tang-kia, et nous n'avons gardé que les bourses dont V. M. nous avait aussi fait présent. — N'est-ce pas toi qui es tang-kia? — Je ne le suis plus, depuis près d'un an. — Est-ce toi qui n'as pas voulu continuer d'être tang-kia, ou bien est-ce qu'on n'a pas voulu que tu continuasses?—C'est l'un et l'autre. Je suis souvent appelé au palais, et l'emploi de tang-kia exige de l'assiduité et emporte du temps, si on le veut bien faire. Vu mon peu de santé, je ne puis m'appliquer à l'une de ces occupations sans négliger l'autre. Comme ce qui regarde le palais doit passer avant tout, mes obligations de tang-kia en souffraient; ainsi il convenait de mettre à ma place quelqu'un qui pût bien s'acquitter de cet emploi. — Il est vrai que tu as toujours eu une santé faible, et que tu as eu de grandes maladies : mais ce n'était que de fatigue, et actuellement tu parais te bien porter? —

Si j'ai été guéri de mes maladies, c'est un bienfait de V. M. qui a eu la bonté de m'envoyer son médecin. Depuis quelque temps que je parais souvent en présence de V. M., comment pourrais-je être malade? — Vous autres Européens, usez-vous du *vin* d'ici? Un usage modéré de ce vin peut contribuer à fortifier. — Dans mon voyage de Canton ici, on m'en a fait goûter de différentes espèces, que j'ai trouvées agréables au goût; mais comme nous avons tous éprouvé que notre estomac européen ne s'y faisait point, nous n'en usons pas dans notre église. — Vous faites donc venir du vin d'Europe? — Nous en faisons venir de Canton, dont nous usons à table certains jours de fête. — Et les jours ordinaires, qu'est-ce que vous buvez? — Nous buvons du vin que nous faisons faire ici. — De quoi faites-vous ce vin? — Nous le faisons de raisins. C'est de raisins que sont faits tous les vins d'Europe. — Le vin de raisins est donc meilleur pour la santé que le vin d'ici, qui est fait de grains? — Comme notre estomac a été accoutumé de bonne heure au vin de raisins, quelque disgracieux que soit au goût celui que nous faisons ici, nous nous trouvons bien de la portion qu'on nous donne à chacun, à table, et que nous buvons, après y avoir mêlé autant d'eau que chacun le souhaite. — Quoi! vous mêlez de l'eau avec votre vin? — Le vin d'ici doit se boire chaud, et ne serait pas potable avec de l'eau; mais le vin d'Europe se boit froid, et avec de l'eau. » L'empereur me fit un grand nombre de questions dans le goût des précédentes, sur nos repas, nos jeûnes, nos prières, nos occupations à la maison, lorsque nous n'allions pas au palais, et sur toute notre manière de vivre. Je lui détaillai comment nous faisions la prière, comment nous prenions ensemble nos repas à des heures réglées et au signal qu'on nous en donnait. Il s'informa ce que c'était que l'heure d'oraison que nous faisions le matin, comment nous faisions l'examen de conscience avant le dîner et avant de nous coucher, comment nous prions, avant et après le repas, quel était l'objet de nos prières vocales. Je lui expliquai tout cela. Ce détail, sur lequel nos prétendus esprits forts badineraient sans doute, pour ne rien dire de plus, était du goût de S. M. La multitude des questions qu'elle me faisait sur ces différents objets, et l'air ouvert avec lequel elle parlait, faisaient voir qu'elle prenait plaisir à entendre mes réponses.

Expériences de la machine pneumatique en présence de l'empereur.

Cependant le printemps arriva, et l'empereur, fort empressé de voir faire les *expériences de la machine pneumatique*, avait fixé le 10 mars ; je lui expliquai le jeu des différentes soupapes, des pistons, des robinets, etc., et elle comprit bientôt comment en élevant le piston, la soupape supérieure pressait contre le piston, et empêchait l'air extérieur d'entrer dans le corps de la pompe ; au contraire, l'air qui était dans le récipient, en se dilatant pour en sortir, faisait ouvrir la soupape inférieure et se dilatait dans le vide que l'élévation du piston causait dans le corps de la pompe; de même comment en abaissant le piston, la soupape supérieure se soulevait pour laisser sortir l'air qui, du récipient, était entré dans le corps de la pompe, et au contraire la soupape inférieure empêchait que l'air ne pût rentrer dans le récipient. Après que l'empereur se fut informé de l'usage de toutes les pièces dont la machine est composée, il demanda si on pouvait la mettre en état de faire des expériences. Je répondis qu'il n'y avait qu'à placer la pompe que j'avais fait détacher, uniquement pour que S. M. en pût voir tout l'intérieur; que néanmoins il y avait quelques précautions à prendre, qui ne laisseraient pas d'emporter quelque temps. « N'importe, dit S. M., j'attendrai; » et tandis qu'on mettait la main à l'œuvre, elle se promena dans la salle, s'amusant à voir peindre, et faisant, à son ordinaire, mille questions. Dès que la machine fut en état, on commença les expériences. Dans l'écrit que j'avais présenté à l'empereur, j'expliquais vingt-une expériences que j'avais choisies dans le grand nombre qu'on peut faire avec la machine pneumatique. Les six premières étaient pour prouver la pression de l'air; nous les fîmes toutes les unes après les autres; et dès que S. M. avait entendu l'explication des premières, elle s'amusait à expliquer les suivantes. J'avais apporté dans la salle un *baromètre* et un *thermomètre*. L'empereur me fit plusieurs demandes sur la manière dont le poids de l'air soutient le vif-argent dans le baromètre, fait élever l'eau dans les pompes aspirantes, et sur les causes du changement du poids de l'air, qu'on connaît dans le baromètre par les différentes hauteurs de la colonne du mercure. Je donnai les raisons qu'on donne ordinairement de ce changement ; j'avouai pourtant que quoique l'expérience prouvât ce changement du poids de l'air, suivant le beau et le mauvais temps qu'il devait faire, les raisons qu'on en donnait n'étaient pas satisfaisantes. Nous vînmes ensuite aux expériences qui prouvent l'élasticité et la dilatation de l'air. Cette suite d'expériences plut beaucoup à l'empereur, qui, après une très-longue séance, pendant laquelle il fut toujours debout tout proche de la machine, retourna dans son appartement, et donna ordre qu'on y portât la machine. J'avais donné à cette machine le nom de *nien-ki-tung*, qui signifie mot à mot, pompe a faire des expériences sur l'air. Mais S. M. changea ce nom en celui de *heou-ky-tung*, jugeant que le caractère de *heou* qu'il substituait à celui de *nien* était plus noble. Ainsi actuellement la machine pneumatique a, en chinois, un nom sûr, puisque c'est S. M. elle-même qui l'a donné. L'empereur avait fait la grâce aux reines et aux autres dames de sa cour de leur faire voir les expériences. Il fallut encore les recommencer, m'en faisant toujours donner l'explication en détail. S. M., pour témoigner sa satisfaction de cette machine pneumatique, qui était la première qu'elle avait vue, donna encore trois grandes pièces de soie pour le P. Méricour et le F. Pansi, sous le nom desquels elle avait été présentée; à chacun une, et la troisieme pour moi.

Description des repas de l'empereur.

Je vais finir cette lettre par quelques mots sur les *repas de l'empereur*. S. M. mange toujours seule, et personne n'assiste jamais à ses repas que les eunuques qui l'y servent. L'heure de son dîner est réglée à huit heures du matin, et celle de son souper à deux heures après midi. Hors de ces deux repas, elle ne prend jamais rien pendant la journée, sinon quelques boissons, et vers le soir quelque léger rafraîchissement. Elle n'avait jamais usé de vin ni d'autre liqueur qui puisse enivrer. Mais depuis quelques années, par le conseil des médecins, elle use d'une espèce de vin très-vieux, ou plutôt de bière, comme sont tous les vins chinois, dont elle prend chaud un verre sur le midi et un autre vers le soir. Sa boisson ordinaire pendant ses repas consiste en thé, ou simplement infusé avec de l'eau commune, ou bien mélangé avec du lait, ou composé de différentes espèces espèces de thé, pilées ensemble, fermentées et préparées de différentes façons. Ces boissons de thé préparé sont la plupart très-agréables au goût, et plusieurs sont nourrissantes sans charger l'estomac. Malgré la quantité et la magnificence des mets, elle n'emploie jamais plus d'un quart d'heure à chacun de ses repas. C'est ce que j'aurais eu de la peine à croire, si je

n'en avais moi-même été témoin une infinité de fois
que j'ai été à portée de voir entrer et sortir tout ce
qui iul était servi. Les mets qui doivent se manger
chauds sont dans des vases d'or ou d'argent, de telle
construction qu'ils servent en même temps de plats
et de réchauds. Ces vases ont à peu près la forme de
nos grandes écuelles d'argent, avec deux anneaux
tenant lieu d'oreilles. Le fond de ces écuelles est
double, et au fond supérieur est soudé un tuyau
d'environ deux pouces de diamètre, et plus élevé
d'un pouce que les bords du vase. C'est par ce tuyau
qu'on introduit entre les deux fonds du charbon
allumé, à qui ce tuyau sert de soupirail. Le tout a
un couvercle proportionné par où passe le tuyau,
et les mets s'y conservent chauds pendant un temps
considérable. Les mets sont portés par des eunuques
dans de grandes boîtes de vernis, dont quelques-
unes sont à différents étages. Par là ils n'ont rien à
craindre du vent, de la pluie, ni des autres injures
du temps. Les grands du palais n'emploient non plus
qu'un quart d'heure à chaque repas. Les mets, lorsqu'on les sert à table, sont déjà tout découpés en petits morceaux. On n'est pas ici dans l'usage d'avoir
plusieurs services, ni du dessert. Les fruits, pâtisse-
ries et autres mets de dessert se mangent ou le soir
avant que de se coucher, ou quelquefois pendant la
journée, par manière de rafraîchissement. On n'use
jamais de vin dans les repas qu'on fait au palais.
Ceux à qui il est nécessaire en prennent le soir, lorsqu'ils sont sortis du palais, et qu'il n'y a plus d'ap-

parence qu'ils paraîtront encore ce jour-là en présence de l'empereur.

J'ai l'houneur d'être, etc.

ONZIÈME LETTRE.

Description des vaisseaux de guerre chinois. — Ile de Foug-hou. — Ile de Formose. — Eaux mortelles.

Mon révérend père, vous ne vous attendez pas que je vous fasse un récit exact de toutes les courses que nous avons faites pour dresser la carte de la Chine, à laquelle je travaille depuis quatre ans; je passerais les bornes d'une lettre; je me contenterai de vous faire part de notre voyage à l'île de *Formose*, appelée par les Chinois *Miouan*, et de ce que j'y ai remarqué de particulier.

C'est le 3 avril 1714 que les pères Régis, Hinderer et moi, nous nous embarquâmes à *Hiamen*, port de la province de Fou-kien, qu'on appelle en Europe *Emoui*. Quatre mandarins tartares, nommés par l'empereur, nous accompagnèrent dans cette expédition géographique. Notre petite escadre était de quinze vaisseaux de guerre; il y avait dans chaque vaisseau cinquante soldats, commandés par un mandarin et quatre officiers subalternes.

Ne pensez pas que les *vaisseaux de guerre chinois* puissent se comparer aux nôtres; les plus gros ne sont pas au-dessus de deux cent cinquante à trois cents tonneaux de port. Ce ne sont, à proprement parler, que des barques plates à deux mâts; la proue, coupée et sans éperon, est relevée en haut de deux espèces d'ailerons en forme de corne qui font une figure assez bizarre; la poupe est ouverte en dehors par le milieu, afin que le gouvernail y soit à couvert des coups de mer; ce gouvernail peut s'élever et s'abaisser par le moyen d'un câble qui le soutient sur la poupe. Toute leur mâture consiste dans le grand mât et le mât de misaine, et quelquefois un petit mât de perroquet, qui n'est pas d'un grand secours. Le grand mât est placé comme le nôtre; celui de misaine est fort sur l'avant. Leurs voiles sont de nattes de bambou, divisées par feuilles en forme de tablettes et arrêtées dans chaque jointure par des perches qui sont aussi de bambou. En haut et en bas sont deux pièces de bois; celle d'en haut sert de vergue; celle d'en bas, faite en forme de planche, retient la voile, lorsqu'on la veut hisser ou qu'on la veut ramasser. Mauvais voiliers, ils tiennent cependant mieux le vent que les nôtres; mais, par leur construction défectueuse, ils perdent cet avantage à la dérive. Ils ne sont point calfatés de goudron. Le calfat, très-bon, est une espèce de gomme particulière. Les aneres sont d'un bois dur et pesant, appelé *tiemou*, ou bois de fer. Les Chinois n'ont à bord ni pilote ni maître de manœuvre ; ce sont les timoniers qui conduisent et commandent le vaisseau. Cependant ils sont assez bons manœuvriers et bons côtiers, mais assez mauvais pilotes en haute mer, attendu qu'ils ne font pas de voyages de long cours.

Après une traversée de sept jours, nous mouillâmes à une des îles de Pong-hou, appelée Si-ffe-yu, où les mandarins de guerre de la garnison vinrent nous recevoir, à la tête de leurs troupes. Ces îles de *Pong-hou* forment un petit archipel de trente-six îles stériles qui ne sont habitées que par la garnison chinoise. Cependant un mandarin de lettres y réside pour veiller sur les vaisseaux marchands qui vont et viennent de la Chine à Formose. Le passage de ces vaisseaux est presque continuel, et d'un revenu considérable pour l'État : nous y abordâmes avec plus de soixante vaisseaux marchands. Ces îles n'étant que sables ou rochers, il faut y porter tout ce qui est nécessaire à la vie, même jusqu'au bois de chauffage ; car nous n'y avons vu ni buissons ni broussailles. Le 15 d'avril, nous mîmes à la voile, et sur le midi nous entrâmes dans le port de Formose, où est la capitale de l'île ; tous les mandarins d'armes et de lettres nous vinrent recevoir, revêtus de leurs habits de cérémonie. Ils nous traitèrent avec toute sorte d'honneur et de distinction, pendant un mois entier que nous employâmes à tracer la carte de ce qui appartient à la Chine dans cette île.

Toute l'île de *Formose* n'est pas sous la domination des Chinois ; elle est comme divisée en deux parties, est et ouest, par une chaîne de hautes montagnes. Il n'y a que ce qui est à l'ouest qui appartienne à la Chine. La partie orientale n'est habitée, disent les Chinois, que par des barbares : le pays est montagneux, inculte et sauvage. Le caractère des peuple ne diffère guère de ce qu'on dit des sauvages de l'Amérique. Ils nous les ont dépeints moins brutaux que les Iroquois, beaucoup plus chastes que les Indiens, d'un naturel doux et paisible, s'aimant les uns les autres, se secourant mutuellement, nullement intéressés, ne faisant nul cas de l'or ni de l'argent, dont on dit qu'ils ont plusieurs mines, mais vindicatifs à l'excès, sans loi, sans gouvernement, sans police, ne vivant que de la chasse et de la pêche, enfin sans religion, ne reconnaissant nulle divinité. Comme le Chinois n'est pas trop croyable quand il s'agit d'un peuple étranger, je n'ose garantir ce portrait, d'autant plus qu'il n'y a aujourd'hui nulle communication entre les Chinois et ces peuples, et qu'ils se font depuis près de vingt ans une guerre continuelle, dont voici la cause.

Les Chinois, ne trouvant point de mines d'or dans la partie occidentale de l'île dont ils sont les maîtres, prirent la résolution d'en aller chercher dans la partie orientale habitée par les sauvages, Ils y allèrent par mer, ne voulant point s'exposer dans des montagnes. Ils furent reçus avec bonté de ces insulaires, qui leur offrirent généreusement leurs maisons, des vivres eu abondance, et tous les secours qu'ils pouvaient attendre d'eux. Les Chinois y demeurèrent environ huit jours; mais tous les soins qu'ils se donnèrent pour découvrir des mines furent inutiles; de tout l'or qu'ils étaient allés chercher, ils n'aperçurent que quelques lingots dans les cabanes, dont les habitants faisaient peu de cas. Dangereuse tentation pour un Chinois! Impatients de posséder ces lingots, ils s'avisèrent du stratagème le plus barbare. Ils équipèrent leur vaisseau, et ces bonnes gens leur fournirent tout ce qui était nécessaire pour leur retour. Ensuite les Chinois invitèrent leurs hôtes à un grand repas préparé, disaient-ils, en témoignage de reconnaissance. Ils firent tant boire ces pauvres gens qu'ils les enivrèrent, et, quand ils furent plongés dans le sommeil de l'ivresse, ils les égorgèrent tous, se saisirent des lingots et mirent à la voile. Le chef de cette barbare expédition est encore vivant dans Formose, sans que les Chinois aient songé à punir un tel forfait. Néanmoins il ne demeura pas absolument impuni, mais les innocents portèrent la peine que méritaient les coupables. Le bruit d'une action si cruelle ne se fut pas plus tôt répandu chez les insulaires qu'ils entrèrent à main armée dans la partie chinoise de l'île, massacrèrent impitoyablement tout ce qu'ils rencontrèrent, hommes, femmes, enfants, et mirent le feu aux habitations. C'est depuis ce temps que les deux parties de l'île sont en guerre. Comme j'étais obligé d'aller à la vue de ces insulaires, on me donna deux cents soldats d'escorte, pour tout le temps que j'employai à faire la carte de la partie du sud. Nonobstant cette précaution, ils ne laissèrent pas de descendre une fois au nombre de trente à quarante armés de flèches et de javelots; mais comme nous étions beaucoup plus forts qu'eux, ils se retirèrent.

La partie de Formose que possèdent les Chinois est un fort beau pays : l'air y est pur et toujours serein; la terre, arrosée de quantité de petites rivières, y porte abondamment du blé, du riz et toutes sortes de grains. On y trouve la plupart des fruits des Indes : le tabac et le sucre y viennent parfaitement bien. Comme il n'y a pas longtemps que le pays est habité par un peuple policé, les chevaux, les moutons et les chèvres, le cochon même si commun à la Chine, y sont fort rares : mais les poules, les canards, les oies domestiques y sont en grand nombre : on y a aussi quantité de bœufs; ils servent de monture ordinaire, faute de chevaux, de mulets et d'ânes. On les dresse de bonne heure; ils vont le pas aussi bien et aussi vite que les meilleurs chevaux; ils ont bride, selle et croupière, et le Chinois est aussi fier sur cette monture que s'il était sur le plus beau cheval d'Europe. A la réserve des cerfs et des singes, qu'on voit par troupeaux, les bêtes fauves sont très-rares. On voit aussi très-peu d'oiseaux : les plus communs sont les faisans. Enfin si les eaux des rivières de Formose étaient bonnes à boire, il n'y aurait rien à souhaiter dans cette île. Mais ces eaux sont pour les étrangers un poison contre léquel on n'a pu trouver jusqu'ici aucun remède. Un domestique que j'avais à ma suite, homme fort et robuste, se fiant sur la force de sa complexion, ne voulut point croire ce qu'on lui disait de ces eaux; il en but et mourut en moins de cinq jours, sans qu'aucun cordial ni contre-poison pût le tirer d'affaire. Il n'y a que les eaux de la capitale dont on puisse boire; les mandarins eurent soin d'en faire voiturer pour notre usage. Au pied d'une des montagnes de l'île, on trouve une source qui produit un petit ruisseau, dont l'eau est d'un bleu blanchâtre, et d'une infection qui n'est pas supportable.

Capitale de l'île Formose. — Habitations. — Nourriture. — Habillement. — Marques de distinctiou.

La capitale, qu'on appelle *Tai-ouan-fou*, peut se comparer à la plupart des meilleures villes et des plus peuplées de la Chine. On y trouve tout ce qu'on peut souhaiter, soit de ce que l'île même fournit, soit de ce qu'on y apporte de la Chine, des Indes et de l'Europe. Les rues sont presque toutes tirées au cordeau, et toutes couvertes pendant sept à huit mois de l'année, pour se défendre des ardeurs du soleil : elles ne sont larges que de trente à quarante pieds, mais longues de près d'une lieue en certains endroits. La plupart sont bordées de maisons marchandes et de boutiques ornées de soieries, de porcelaines, de vernis, et d'autres marchandises admirablement bien rangées, en quoi les Chinois excellent. Ces rues paraissent des galeries charmantes, et il y aurait plaisir à s'y promener, si la foule des passants était moins grande, et si elles étaient mieux pavées. Les maisons sont couvertes de paille, et ne sont bâties la plupart que de terre et de bambou. Les tentes dont les rues sont couvertes, ne laissant voir que les boutiques, en ôtent le désagrément. La seule maison que les Hollandais y ont élevée lorsqu'ils en étaient les maîtres, est de quelque prix. C'est un grand corps de logis à trois étages, défendu par un rempart de quatre demi-bastions ; précaution nécessaire pour des Européens. La ville n'a ni fortifications ni murailles. Les Tartares ne mettent point leurs forces et ne renferment point leur courage dans l'enceinte d'un rempart. Le port est assez bas, à l'abri de tout vent ; mais l'entrée en devient tous les jours plus difficile.

Il n'y a pas de mûriers dans l'île, et par conséquent peu de soieries du pays et peu de manufactures. S'il était libre aux Chinois de venir se fixer dans l'île, plusieurs familles s'y seraient déjà transportées. Mais, pour y passer, on a besoin de passe-ports des mandarins de la Chine, qui les vendent bien chers, encore avec cela faut-il donner des cautions, et, lorsqu'on arrive dans l'île, il faut aussi donner de l'argent au mandarin, qui est très-attentif à examiner ceux qui entrent ou qui sortent. Si on n'offre rien ou peu de chose, l'on doit s'attendre à être renvoyé nonobstant le meilleur passe-port. Outre l'avidité naturelle des Chinois, il est d'une bonne politique d'empêcher toutes sortes de personnes de passer à Formose, surtout les Tartares étant maîtres de la

Chine. Formose est un point très-important, et si un Chinois s'en emparait, il pourrait de là exciter de grands troubles dans l'empire. Aussi les Tartares y tiennent-ils une garnison de dix mille hommes commandés par trois officiers généraux, qu'on a soin de changer tous les trois ans et même plus souvent.

La partie chinoise de Formose est composée de Chinois et de naturels du pays. Les premiers n'habitent que les trois villes de l'île et quelques villages, où il n'y a de naturels du pays que ceux qui leur servent de domestiques, ou pour mieux dire d'esclaves. Le gouvernement et les mœurs des Chinois ne diffèrent en rien des mœurs et du gouvernement de la Chine. Les naturels soumis aux Chinois sont partagés en quarante-cinq bourgades dans la partie du nord, et neuf dans celle du sud. Les bourgades du nord sont assez peuplées, et les maisons à peu près comme celles des Chinois. Les maisons des bourgades du midi ne sont qu'un amas de cabanes de terre et de bambou couvertes de pailles, élevées sur une espèce d'estrade, haute de trois à quatre pieds, bâties en forme d'un entonnoir renversé, depuis quinze jusqu'à quarante pieds de diamètre : quelques-unes sont divisées par cloisons. Ils n'ont, dans ces huttes, ni chaises, ni banc, ni table, ni lit, ni aucun meuble. Au milieu est une espèce de cheminée ou de fourneau, élevé de terre de deux pieds et davantage, sur lequel ils font leur cuisine. Ils se nourrissent d'ordinaire de riz, de menus grains et de gibier. Ils prennent le gibier avec leurs armes ou à la course, car ils courent plus vite que des chevaux à bride abattue. Cette vitesse leur vient, disent les Chinois, de ce que jusqu'à l'âge de quatorze à quinze ans ils se serrent extrêmement les genoux et les reins. Ils ont pour arme une espèce de javelot qu'ils lancent à la distance de quatre-vingts pas avec une telle justesse, qu'ils tuent un faisan au vol aussi sûrement qu'on le fait en Europe avec le fusil. Ils sont très-malpropres dans leurs repas : ils n'ont ni plats, ni assiettes, ni écuelles, ni cuillers, ni fourchettes, ni bâtonnéts. Ce qu'ils ont préparé se met sur un ais de bois ou sur une natte; ils se servent de leurs doigts pour manger à peu prés comme les singes. Ils mangent de la chair demi-crue, et pour peu qu'elle soit présentée au feu, elle leur paraît excellente. Leurs lits sont de feuilles d'arbres fraîches qu'ils étendent sur la terre ou sur le plancher de leurs cabanes. Ils n'ont pour tout habit qu'une simple toile, dont ils se couvrent depuis la ceinture jusqu'aux genoux. L'orgueil, si enraciné dans le cœur de l'homme, a trouvé accès au milieu d'une pareille pauvreté, et il leur en coûte pour le satisfaire plus qu'aux peuples qui se piquent de luxe. Ceux-ci chamarrent leurs habits d'or ou d'argent : ceux-là se servent de leur propre peau, sur laquelle ils gravent plusieurs figures grotesques d'arbres, d'animaux, de fleurs, etc.; ce qui leur cause des douleurs si vives qu'elles seraient capables de donner la mort, si l'opération se faisait de suite et sans discontinuer. Ils y emploient plusieurs mois, et jusqu'à une année entière, se mettant chaque jour à une espèce de torture, et cela pour se distinguer de la foule, car il n'est pas permis à tous de porter ces marques de la vanité. Ce privilége ne s'accorde qu'à ceux qui, au jugement des plus considérables de la bourgade, ont surpassé les autres à la course ou à la chasse. Néanmoins tous peuvent se noircir les dents, porter des pendants d'oreilles, des bracelets au-dessus du coude ou du poignet, des colliers et des couronnes de petits grains de différentes couleurs à plusieurs rangs. La couronne se termine par une espèce d'aigrette faite de plumes de coq ou de faisan, qu'ils ramassent avec beaucoup de soin. Figurez-vous ces bizarres ornements sur le corps d'un homme d'une taille déliée, d'un teint olivâtre, dont les cheveux lissés pendent négligemment sur les épaules, armé d'un arc et d'un javelot, n'ayant pour tout habit qu'une toile de deux à trois pieds qui lui entoure le corps depuis la ceinture jusqu'aux genoux, et vous aurez le véritable portrait d'un brave de la partie méridionale de l'île de Formose. Dans la partie du nord, où il fait un peu moins chaud, ils se couvrent de la peau des cerfs qu'ils ont tués à la chasse, et s'en font un habit sans manches de la figure à peu près d'une dalmatique. Ils portent un bonnet en forme de cylindre, fait du pied des feuilles de bananier, qu'ils ornent de plusieurs couronnes posées les unes sur les autres, et attachées par de petites tresses de différentes couleurs. Ils ajoutent au-dessus, comme ceux du midi, une aigrette de plumes de coq ou de faisan.

Mariages des naturels de l'île de Formose.

Leurs mariages n'ont rien de barbare. On n'achète point les femmes comme à la Chine, et on n'a nul égard au bien qu'on peut avoir de part et d'autre, comme il arrive communément en Europe. Les pères et les mères n'y entrent presque pour rien. Lorsqu'un jeune homme veut se marier, et qu'il a trouvé une fille qui lui agrée, il va plusieurs jours de suite, avec un instrument de musique, à sa porte. Si la fille en est contente, elle sort et va joindre celui qui la recherche ; ils règlent ensemble leurs conventions, et ils en donnent avis à leurs parents. Ceux-ci préparent le festin des noces, qui se fait dans la maison de la fille, où le jeune homme reste sans retourner désormais chez son père. Dès lors le gendre regarde la maison de son beau-père comme la sienne propre : il en est le soutien, et la maison de son propre père n'est plus pour lui que ce que la maison paternelle est à une fille d'Europe, lorsqu'elle la quitte pour aller demeurer avec son mari. Aussi mettent-ils leur bonheur à avoir des filles, puisqu'elles leur procurent des gendres qui deviennent l'appui de leur vieillesse.

Quoique ces insulaires soient entièrement soumis aux Chinois, ils ont encore quelques restes de leur ancien gouvernement. Chaque bourgade se choisit trois ou quatre des plus anciens, les plus en réputation de probité. Ils deviennent par ce choix juges de tous les différends; et si quelqu'un refusait de s'en tenir à leur jugement, il serait chassé de la bourgade, sans pouvoir y rentrer, et nulle autre bourgade n'oserait le recevoir. Ils paient en grains leur tribut aux Chinois. Pour régler ce tribut, il y a, dans chaque bourgade, un Chinois qui en apprend la langue et sert d'interprète aux mandarins. Ces interprètes sont autant de petits tyrans qui poussent à bout la patience des insulaires; aussi de douze bourgades qui s'étaient soumises aux Chinois, dans la partie du sud, trois se sont révoltées, ont chassé leurs interprètes, ne paient plus le tribut à la Chine, depuis trois ans, et se sont unies avec ceux de la partie orientale de l'île. C'est un fort mauvais exemple et qui pourrait avoir des suites. J'en touchai un mot au premier mandarin de Formose; il me répondit froidement : « Tant pis pour ces barbares, s'ils veulent rester dans leur barbarie; nous tâchons de les rendre hommes, et ils ne le veulent pas; tant pis pour eux : il y a des inconvénients partout. »

Quelque barbares qu'ils soient, je les crois plus près de la vraie philosophie que le grand nombre des philosophes de la Chine. On ne voit parmi eux, de l'aveu même des Chinois, ni fourberie, ni vols, ni querelles, ni procès, que contre leurs interprètes. Ils sont équitables, s'entr'aiment les uns les autres, et partagent exactement entre eux le salaire, en raison du travail et de la peine; ils sont attentifs au moindre signal de ceux qui ont droit de leur commander; ils sont circonspects dans leurs paroles, et d'un cœur droit et pur. Ils n'adorent aucune idole; ils ont même en horreur tout ce qui y a quelque rapport; il y a même apparence que ces insulaires ont eu quelque idée du christianisme, du temps que les Hollandais étaient maîtres du port; car nous en avons vu qui reconnaissent un Dieu créateur du ciel et de la terre, un Dieu en trois personnes, Père, Fils et Saint-Esprit; et qui disent que le premier de tous les hommes s'appelait Adam, et la première des femmes Eve; que pour avoir désobéi à Dieu, ils avaient attiré sa colère sur eux et sur tous leurs descendants; qu'il est nécessaire d'avoir recours au baptême pour effacer cette tache; ils savent même la formule du baptême. Il paraît, par ce que nous avons pu tirer d'eux, qu'il n'ont aucune idée des récompenses ni des peines de l'autre vie; ainsi il est vraisemblable qu'il n'ont pas grand soin de baptiser leurs enfants. Nous leur avons laissé la formule du baptême et nous avons tâché de leur enseigner les vérités les plus nécessaires de notre sainte religion. C'est tout ce que nous avons pu faire. Quelle douleur pour nous de nous voir au milieu d'une si belle moisson, et d'être obligés de l'abandonner sans espérance de secours !

Quoique l'île de Formose soit peu éloignée de la Chine, néanmoins les Chinois, suivant leur histoire, ne commencèrent d'en avoir connaissance que vers l'an 1450. L'eunuque *Ouan-san-pao*, revenant d'Occident, y fut jeté par la tempête : se trouvant dans une terre étrangère, dont le peuple lui semblait aussi barbare que le pays lui paraissait beau, il y fit quelque séjour pour en prendre des connaissances dont il pût informer son maître. Il en rapporta quelques plantes médicinales dont on se sert encore à la Chine avec succès. En 1564, le chef d'escadre *Yu-ta-yeou*, croisant sur la mer orientale de la Chine, rencontra le corsaire *Lin-tao-kien*, qui s'était emparé des îles de *Pong-hou*, où il avait laissé une partie de son monde. C'était un homme fier et ambitieux qui cherchait à se faire un nom. Il attaqua brusquement Yu-ta-yeou, qui soutint le premier feu avec beaucoup de sang-froid, et qui après attaqua à son tour Lin-tao-kien. Le combat finit par la fuite du corsaire vers les îles de Pong-hou, où il voulait rafraîchir ses troupes, et prendre ce qu'il y avait laissé de soldats pour retourner vers l'ennemi. Mais Yu-ta-yeou le poursuivit de si près, qu'il lui ferma l'entrée du port de Pong-hou, et le força d'aller mouiller à Formose. Yu-ta-yeou l'y poursuivit; mais, n'ayant nulle connaissance de l'entrée de ce port, il se retira aux îles Pong-hou, dont il se rendit maître, fit prisonniers les soldats qu'il y trouva, y mit bonne garnison, et retourna victorieux à la Chine, donner avis de ses découvertes. Quant à Lin-tao-kien, ne voyant dans Formose qu'une terre inculte, qui n'était habitée que par des barbares, indigne, dans l'état où elle était, de ses grandes vues, il fit égorger tous les insulaires qu'il trouva sous sa main, et, avec une inhumanité qui n'a point d'exemple, il se servit du sang de ces infortunés pour calfater ses vaisseaux, mettant aussitôt à la voile pour se retirer dans la province de Canton, où il est mort misérablement.

Les Hollandais s'établissent à Formose. — Leur supercherie, etc.

Sur la fin de l'année 1620, une escadre japonaise vint aborder à Formose. L'officier qui la commandait trouva le pays, tout inculte qu'il était, assez propre à y établir une colonie, et s'en empara. Vers le même temps un vaisseau hollandais fut jeté par la tempête à Formose. Le pays parut beau aux Hollandais et avantageux pour leur commerce. Ils prétextèrent le besoin qu'ils avaient de rafraîchissements, et de choses nécessaires au radoub de leur vaisseau, pour s'arrêter; ils pénétrèrent dans les terres pour bien examiner le pays. Ils prièrent les Japonais, avec qui ils ne voulaient point se brouiller, de leur permettre de bâtir une maison sur le bord de l'île, à une des entrées du port. Les Japonais rejetèrent d'abord la proposition; mais les Hollandais insistèrent de telle sorte, en assurant qu'ils n'occuperaient de terrain que ce qu'en pouvait renfermer *une peau de bœuf*, qu'enfin les Japonais y consentirent. Les Hollandais prirent donc une peau de bœuf qu'ils coupèrent en petites aiguillettes très-fines; ils les mirent bout à bout pour mesurer le terrain. Les Japonais furent d'abord un peu fâchés de cette supercherie; mais enfin, après quelques réflexions, la chose leur parut plaisante; ils s'adoucirent, et ils permirent aux Hollandais de faire de ce terrain ce qu'ils jugeraient à propos. Ceux-ci bâtirent un fort qui les rendit maîtres du port et du seul passage par où les gros vaisseaux pouvaient entrer. Les Japonais, soit que ce nouveau fort leur fît ombrage, soit qu'ils ne trouvassent plus leur compte dans l'île, se retirèrent bientôt chez eux, laissant les Hollandais seuls maîtres de Formose.

Alors la Chine était en feu par la guerre civile et par la guerre contre le prince tartare Kam-hi, qui s'en est emparé et y a fondé la dynastie actuellement régnante. Un homme appelé *Tching-tchi-long*, de petit marchand devenu le plus riche négociant de la Chine, avait armé à ses frais une petite flotte contre le Tartare. Il fut bientôt suivi d'une multitude innombrable de vaisseaux chinois, et il devint par là le chef d'une des plus formidables flottes qu'on ait vues dans ces mers. Le Tartare lui offrit la dignité de roi s'il voulait le reconnaître. Il la refusa ; mais il ne jouit pas longtemps de sa bonne fortune. Son fils lui succéda ; plus zélé encore pour sa patrie que n'était son père, il tenta diverses entreprises ; il assiégea plusieurs villes considérables, et tailla en pièce l'armée tartare venue à leur secours. Mais ces premiers succès durèrent peu ; il fut enfin vaincu et chassé absolument de la Chine. Alors il tourna ses vues et son ambition vers Formose, dont il résolut de chasser les Hollandais, pour y établir un nouveau royaume. Il se saisit en passant des îles de *Pong-hou* sur les Hollandais ; il y laissa cent de ses vaisseaux pour les garder, et entra dans le port de Formose avec neuf cents autres voiles, par une passe éloignée d'une lieue du fort, lequel n'était, dit-on, gardé que par onze Hollandais, quelques noirs et des insulaires du pays. Nonobstant cette inégalité de forces, les Hollandais résolurent de se défendre, et ils se défendirent en effet en braves gens. Le fils de Tching-tchi-long fit descendre une partie de son monde, afin d'attaquer le fort par mer et par terre. Le siége dura quatre mois entiers. Mais comme les Chinois n'avaient pas l'usage du canon, ils ne pouvaient répondre à celui des Hollandais; ainsi ils n'avaient d'espérance de les réduire que par la famine, ce qui demandait beaucoup de temps, pendant lequel ils pouvaient recevoir du secours de leurs vaisseaux qui allaient commercer au Japon. Tching-tchi-long connut toute la difficulté de son entreprise; mais il se voyait hors de la Chine, sans espérance de pouvoir jamais y rentrer, sous les Tartares; si Formose lui était fermée, il n'avait plus de ressources; c'est pourquoi il se détermina à faire un dernier effort contre les Hollandais. Ceux-ci avaient quatre vaisseaux dans le port : ils avaient mis à bord de chaque vaisseau un de leurs gens avec des Indiens : les sept autres Hollandais s'étaient renfermés dans la citadelle. Le capitaine chinois résolut de sacrifier quelques-uns de ses vaisseaux, sur lesquels il mit quantité de feux d'artifice, et, profitant d'un grand vent nord-est, il les poussa sur les vaisseaux hollandais. Il réussit au-delà de ses espérances ; de quatre vaisseaux, trois furent brûlés. Anssitôt il fit sommer les Hollandais de se rendre, leur déclarant que s'ils persistaient à se défendre il n'y aurait point de quartier pour eux. Les Hollandais acceptèrent : ils chargèrent le vaisseau qui leur restait de tous leurs effets, remirent la place et se retirèrent. Le vainqueur n'ayant plus personne qui s'opposât à ses desseins, distribua ses troupes dans la partie de Formose que possèdent aujourd'hui les Chinois. Il construisit une forteresse ; il détermina les lieux où sont aujourd'hui les villes de *Tchulo-yen* et *Fong-Xan-hien ;* il fonda la capitale de ses nouveaux états à l'endroit où est aujourd'hui *Tai-ouan-fou*, et mit son palais et sa cour au fort hollandais, auquel il donna le nom de *Ngan-ping-tching*, qu'il conserve encore maintenant. Formose commença alors à prendre une nouvelle forme : il y établit les mêmes lois, les mêmes coutumes et le même gouvernement qui règnent à la Chine : mais il ne jouit que peu de temps de sa nouvelle conquête.

DOUZIÈME LETTRE.

Chevreuil musqué. — Serpents dont sé nourrissent ces animaux.

La petite boîte que je vous envoie renferme une curiosité de ce pays; c'est un *musc*, avec la partie de l'animal dans lequel on le trouve. Quelques auteurs prétendent qu'il se forme au nombril; ils se trompent : c'est dans sa vessie. Cet animal est une espèce de chevreuil, que les Chinois appellent *hiang-tchang-ise*, c'est-à-dire *chevreuil odoriférant*. On le trouve dans les montagnes qui sont à l'occident de Pékin, où nous avons une chrétienté et une petite église. Pendant que j'étais occupé aux exercices de ma mission, de pauvres gens allèrent à la chasse dans l'espérance que j'achèterais leur gibier pour le porter à Pékin : ils tuèrent deux de ces animaux, un mâle et une femelle, qu'ils me présentèrent encore chauds e sanglants. Avant de convenir du prix, ils me demandèrent si je voulais prendre aussi le musc, et ils me firent cette question, parce qu'il y en a qui se contentent de la chair de l'animal, laissant le musc aux chasseurs, qui le vendent à ceux qui en font commerce. Comme c'était principalement le musc que je souhaitais, je leur répondis que j'achèterais l'animal entier. Ils prirent aussitôt le mâle, ils lui coupèrent la vessie, et, de peur que le musc ne s'évaporât, ils la lièrent en haut avec une ficelle. Quand on veut la conserver par curiosité, on la fait sécher comme on a fait sécher celle que je vous envoie. L'animal et son musc ne me me coûtèrent qu'un écu. Le musc se forme dans l'intérieur de la vessie, et s'y attache autour comme une espèce de sel. Il s'y en forme de deux sortes : celui qui est en grain est le plus précieux ; l'autre, qui est moins estimé, est fort menu et fort délié. La femelle ne porte point de musc, ou du moins ce qu'elle porte, et qui en a quelque apparence, n'a nulle odeur.

La chair des serpents est, à ce qu'on me dit, la nourriture la plus ordinaire de cet animal. Bien que ces serpents soient d'une grandeur énorme, le chevreuil n'a nulle peine à les tuer, parce que dès qu'un serpent est à une certaine distance du chevreuil, il est tout à coup arrêté par l'odeur du musc; ses sens s'affaiblissent, et il ne peut plus se mouvoir. Cela est si constant, que les paysans qui vont chercher du bois ou faire du charbon sur les montagnes, n'ont point de meilleur secret, pour se garantir de leur morsure, que de porter sur eux quelques grains de musc, et alors ils peuvent dormir tranquillement après leur dîner : si quelque serpent s'approche d'eux, il est tout à coup assoupi par l'odeur du musc, et il ne va pas plus loin.

TREIZIÈME LETTRE.

Guerre contre les Mia-ot-sée. — Entrée à Pékin du général victorieux.

Monsieur, je dois vous dire quelques mots d'un des plus grands événements qui soient arrivés en Chine depuis bien des siècles : je parle de l'extinction totale des *Mia-ot-sée*. Ces montagnards indépendants, qui se croyaient invincibles, parce qu'ils n'avaient jamais été vaincus, insultaient à la majesté de l'empereur depuis près de deux mille ans. Souvent ils descendaient de leurs rochers par des espèces de fentes presque impraticables, tombaient rapidement et en force sur les troupes chinoises qui défendaient les frontières, et, après avoir fait un butin considérable, ils se retiraient dans des gorges ou au haut de leurs rochers.

Ces Mia-ot-sée formaient deux petits états sur les frontières de Set-chuen et du Koeit-heou ; l'un s'appelait Sia-kirit-chuen ; l'autre Ta-kint-chuen, ayant chacun leur roi ou prince souverain. Il y a environ vingt-cinq ans qu'ils firent quelques dégâts sur les terres de l'empire; on arma contre eux. Le premier général qui alla les attaquer ne réussit pas. L'empereur lui fit couper le cou. Un autre plus adroit composa avec eux; il leur fit de beaux présents, avec lesquels ils rentrèrent dans leurs montagnes; on eut grand soin de dire à l'empereur qu'ils étaient soumis, et qu'ils le reconnaissaient pour leur maître. Cependant les hostilités recommencèrent, il y a cinq ou six ans, l'empereur en fut extrêmement irrité; prenant dès-lors la résolution de les exterminer, il fit envelopper leurs montagnes par trois armées de quarante mille combattants chacune. Le général *Ou-en-fou* grimpa sur ces affreuses montagnes, il franchit le premier passage mollement défendu, et ses troupes se trouvèrent dans des gorges de rochers escarpés. Alors les Mia-ot-sée enfermèrent les Chinois dans ces gorges, où ils furent pris exténués par la faim. Il n'en échappa pas un seul, et ce ne fut qu'après plusieurs années qu'on sut comment ils avaient été traités. Les deux autres généraux, pour n'avoir pas secouru Ou-en-fou, furent, l'un étranglé, l'autre envoyé en exil à Y-ly.

L'empereur fit *Aquei* généralissime de toutes ses troupes; il ne pouvait mieux choisir; c'est un homme d'un sang-froid et d'une constance inébranlables, ne se rebutant de rien, et ne craignant pas même de mécontenter l'empereur, si le bien de son service l'y obligeait quelquefois. Il entra par la même route que Ou-en-fou; mais il eut soin de tenir ses derrières libres. Les Mia-ot-sée à ce début sentirent à qui ils avaient affaire. Ils firent des prodiges de valeur. Les femmes combattaient comme les hommes : ils construisirent de nouveaux forts sur les hauteurs. Aquei ne précipitait rien ; il ne fut pas moins d'un an et demi à s'emparer des dix ou douze lieues de gorges et de rochers qui défendaient la capitale du *Sia-kirit-chuen*, nommée *Maino*, qu'il enleva. Le jeune roi *Seng-ko-sang* s'échappa à temps. Son père, qui depuis plusieurs années avait quitté le gouvernement, et s'était fait lama, se croyait en sûreté dans son espèce de monastère ; il se trompa horriblement. Il fut pris et mené à Pékin, où il a mal passé son temps. Aquei poussa lentement Seng-ko-sang jusqu'à l'extrémité de ses petits états. Là il y a un miao (temple d'idoles) bien fortifié. Seng-ko-sang s'y défendit en désespéré ; mais il fallut céder au nombre. Il s'enfuit dans le Ta-kint-chuen, et son pays tomba tout entier entre les mains des Chinois.

L'empereur donna ordre qu'on sommât le roi du Ta-kint-chuen de remettre à ses troupes son ennemi Seng-ko-sang. En cas de refus, Aquei devait sur-le-champ porter la guerre dans ses états. *Sonom*, roi du *Ta-kint-chuen*, fut fort embarrassé ; il n'avait alors que vingt-un ans. Les succès des troupes chinoises l'étonnaient ; mais son conseil se flatta que les montagnes du Ta-kint-chuen, encore plus escarpées que celles du Sia-kirit-chuen, seraient inaccessibles aux Chinois ; on les hérissa de forts, Aquei ne s'étonna de rien ; il entra dans le défilé sur les traces de Seng-ko-sang. Petit à petit il gagnait du terrain et avançait toujours, malgré tous les efforts des ennemis. Insensiblement il s'approcha de la capitale, nommée *Leonci*. Les autres armées chinoises s'avancèrent aussi de leur côté; cette malheureuse place parut être aux abois. Seng-ko-sang était mort. Sonom, resté seul, faisait les derniers efforts pour la conserver, et ce ne fut qu'après huit ou neuf mois qu'il l'abandonna secrétement pour se retirer à Karai, son dernier fort et sa dernière ressource. Les Chinois, ne trouvant plus de résistance, entrèrent dans Leonci, où il n'y avait plus que des maisons vides de tout.

Pendant ce temps-là, Sonom, ayant tourné une montagne, vint prendre en flanc une colonne chinoise; il la rompit. Aquei fit tout ce qu'il put pour le forcer, mais il n'en vint à bout qu'après neuf ou dix jours d'efforts, pendant lesquels celles de ses troupes qui étaient dans la capitale souffrirent prodigieusement de la faim. Après cette victoire, le général envoya le petit étendard rouge : c'est en Chine une marque que la guerre va finir. Mais l'empereur s'attendait à recevoir le grand étendard, qui annonce que la nation ennemie est totalement éteinte et le roi pris. Il pressa de nouveau Aquei. De dix à douze mille hommes, à peu près, que les deux rois avaient en commençant la guerre, il n'en restait plus que quatre ou cinq cents enfermés dans Karai. Après s'être défendus quelques mois dans ce fort, les Miaot-sée tinrent un conseil, où il fut résolu qu'on minerait la place, et qu'on périrait sous les ruines avec les troupes chinoises qui la forceraient. La reine-mère, effrayée de ce parti, parla de se rendre à discrétion, elle, son fils, frère du roi, et une jeune princesse de dix-huit ans. Aquei, qui savait que l'empereur avait une envie démesurée d'avoir toute cette famille entre ses mains, donna de belles paroles. Sonom, à qui toute ressource manquait, courut enfin le sort de la reine-mère. Karai fut rendu, et Aquei devint maître de la personne du roi et de tout ce qui restait de la nation des Mia-ot-sée. Le grand étendard partit aussitôt. Il était prodigieusement désiré. Il arriva à Pékin sur la fin du carême de 1776.

L'empereur, accompagné de tout ce qu'il y a de plus grand dans l'empire, alla au-devant de son général victorieux. La *réception d'un général victorieux* est en Chine une des plus belles cérémonies qu'on puisse imaginer. Afin que le général Aquei parût avec plus de dignité, l'empereur le fit comte de l'empire et membre de la famille impériale; il le décora encore de plusieurs ornements que les empereurs seuls peuvent porter. On avait donné ordre qu'à soixante lieues de l'endroit assigné pour la réception, on préparât les chemins en terre jaune comme pour S. M. elle-même. Cet endroit était à huit lieues de Pékin, près le palais de campagne que l'empereur a bâti à Hoang-kintchong. Ses environs étaient ornés avec une magnificence surprenante. Il faudrait un volume entier pour faire la description des montagnes artificielles qu'on avait élevées, des ruisseaux qu'on avait conduits dans des vallons, des galeries, des salons, des bâtiments variés à l'infini qu'on y avait bâtis. On y voyait tout ce qu'on admire au réjouissances des cinquantièmes, soixantièmes, soixante-dixièmes et quatre-vingtièmes années de l'empereur et de l'impératrice.

L'empereur sortit de son palais en habit de cérémonie ; il marcha entre deux haies de mandarins jusqu'à l'endroit destiné à la réception. Là étaient les princes du sang, les régulos, les comtes, les ministres et grands mandarins avec les six tribunaux de l'empire, et un gros détachement de chacune des huit bannières. Aucun missionnaire ne s'y trouva à cause de la première cérémonie qui devait s'y faire. Le général Aquei, à la tête de l'élite de ses troupes victorieuses, s'avançait de l'autre côté ; dès qu'il fut auprès des deux piliers rouges, il descendit de cheval. Le président du Lypou invita l'empereur à monter sur une plate-forme élevée, ayant à droite et à gauche une foule de drapeaux et d'étendards ; il se tint debout un moment. La grande musique de l'empire commença, et, dans un intervalle de silence, un mandarin du Lypou cria : « Prosternez-vous. » Aussitôt l'empereur, le général et ses officiers, les princes, les régulos, les comtes, les tribunaux, les grands mandarins, tous se mirent à genoux, et frappèrent neuf fois la terre de leur front pour adorer le ciel et le remercier de la victoire. Le maître des cérémonies s'approcha ensuite de l'empereur et le pria de descendre dans une grande salle, où on lui avait dressé un trône ; Aquei et ses officiers lui firent le keou-teou. L'empereur se leva, et, selon l'ancien usage, alla au général, et lui donna l'accolade ; ce qu'il fit avec un

•sentiment qui toucha cette illustre assemblée. Puis il dit à Aquei : « Tu es fatigué, viens, repose-toi. » Il le fit asseoir à côté de lui, faveur unique en Chine. Les officiers furent placés dans des tentes bleues ; on servit du thé ; puis cent eunuques, soutenus de la grande musique, entonnèrent le chant des victoires; c'est une espèce d'hymne antique qui a près de quatre mille ans. On m'a dit qu'on en avait fait une nouvelle pour cette occasion. Le président du tribunal des rites s'avança, et dit à l'empereur : « Tout est fini. » L'empereur remonta dans sa chaise à porteurs, et, le jour même, il se rendit à Pékin, pour y faire une autre cérémonie de grand éclat.

Présentation des captifs. — Sort de ces captifs.

Cette autre cérémonie s'appelle *Chéo-fou* ; elle consiste à recevoir les *captifs faits à la guerre*, et à déterminer leur sort. Elle se fait dans la troisième cour du palais. L'empereur est sur un trône dressé dans une galerie. A côté de l'empereur il y a les grands officiers de la couronne. Au bas sont les princes, les régulos, les comtes, les grands mandarins; le long de la cour, sont, sous deux lignes parallèles, à l'orient et à l'occident, tous les *insignia* de l'empire, drapeaux, étendards, piques, masses, massues, dragons, instruments, figures symboliques, que sais-je ? cela ne finit pas. Les porteurs sont en habits de soie rouge, brodés d'or ; vient un second rang ; ce sont les tribunaux de l'empire. Le troisième est formé par les gardes de l'empereur, armés comme en guerre. Dans la cour avancée, il y a les éléphants de la couronne chargés de leurs tours dorées, ayant à côté d'eux les chariots de guerre ; la grande musique et les instruments sont sur les deux flancs de la galerie qui termine la grande cour du nord, et où l'empereur est assis sur son trône. Lorsqu'il parut, un mandarin cria à haute voix : « Vous, officiers, qui avez amené les captifs, avancez, prosternez-vous : *keouteou*. » La cérémonie faite au son des instruments, les officiers victorieux se retirèrent, aussitôt le même mandarin cria de nouveau : « Vous, mandarins du tribunal des soldats, et vous, officiers de guerre, venez, présentez les captifs. »

L'infortuné Sonom, son frère cadet, son grand général, le frère cadet de Seng-ko-sang, et trois autres grands du Ta-kint-chuen, parurent de loin devant l'empereur et toute cette redoutable assemblée. Ils avaient tous une espèce de corde de soie blanche au cou ; ils avancèrent quelques pas, puis ils eurent ordre de se mettre à genoux ; on déposa à terre, à côté d'eux, la tête de Seng-ko-sang enfermée dans une cage. Les instruments de tortures étaient tous étalés. Quelle fut la surprise de l'infortuné Sonom et des autres captifs ! Le grand général dit : « Très-puissant empereur, le roi, père de Sonom, en mourant, le confia à mes soins. C'était un jeune prince encore incapable de résolution ; c'est moi qui ai décidé la guerre ; si en cela j'ai péché , j'ai péché seul , seul je mérite d'être puni. Je demande qu'ou épargne ce jeune prince qui n'a pu être coupable. Nous pouvions encore vendre notre vie bien cher ; nous ne nous sommes rendus que dans l'espérance qu'on nous a donnée de trouver grâce devant V. M. » Il parlait en vain , leur perte était assurée; à un signe de l'empereur, Sonom et les six autres subirent des questions très-vigoureuses , et furent mis sur des tombereaux, un bâillon à la bouche , et conduits , dans ce douloureux et humiliant état, sur la place destinée aux exécutions, où ils furent attachés à des poteaux , et coupés en pièces comme rebelles ; on prit ensuite leurs têtes, et on les exposa dans des cages avec leurs noms au bas. Les jours suivants , on fit des exécutions sanglantes des Mia-ot-sée d'un moindre rang ; il ne reste plus de cette infortunée nation que quelques gens de basse classe qu'on a donnés pour esclaves aux officiers victorieux. J'ai l'honneur d'être , etc.

ANECDOTES.

—

Un jour, dit un missionnaire , que j'allais baptiser une femme qui était à l'extrémité, un catéchiste me vient trouver à l'église, pour m'avertir de n'y pas aller, parce que le mari de cette femme, qui était venu lui-même la veille me prier de la baptiser, avait changé de sentiment. « Allez dire au prédicateur de votre loi, dit cet infidèle au catéchiste, qu'il se tienne en repos chez lui ; je sais ses desseins, et je suis instruit de ses prétentions ; il veut, avec son huile, avoir les yeux de ma femme, pour en faire des lunettes d'approche ; qu'il s'adresse à d'autres, car je ne consentirai jamais qu'il mette les pieds dans ma maison, ou qu'il baptise la malade. » Le catéchiste, touché de compassion de voir un aveuglement si déplorable, tâcha de remettre l'esprit à ce pauvre homme ; mais tous ses efforts furent inutiles, et la femme mourut sans être baptisée.

Dans l'année 819 de l'ère chrétienne, Han-yu, assesseur du tribunal des crimes, ne put retenir sa plume, quelque danger qui le menaçât, lui et sa famille. Voici ce qui donna occasion au placet qu'il présenta à l'empereur. Un mandarin dévoué à la secte de *Foé* avait rappelé à ce prince que l'on conservait dans un de ses temples un doigt de *Foé* ; que ce doigt s'ouvrait tous les trente ans, et que c'était alors un signe que le peuple allait jouir de la paix et de l'abondance. Il avertit que l'année à laquelle on touchait était la trentième, et celle où ce doigt devait s'ouvrir. Il demandait, par sa supplique, que l'empereur envoyât chercher cette précieuse relique pour la transporter à la cour. L'empereur, qui était fort adonné à cette secte, saisit cette occasion pour faire parade de son zèle. Il envoie chercher le doigt de *Foé*, le fait placer d'abord dans son palais, où il le garda trois jours ; il le fait porter ensuite dans tous les *miao* ou temples d'idoles. Le fanatisme des rois est toujours sûr d'avoir des imitateurs. Le concours des princes de tous les ordres, des grands, des mandarins et du peuple, fut prodigieux.

C'est en ce moment que l'indignation redoubla encore le courage de Han-yu ; il osa s'élever contre ce culte superstitieux et termina son placet par ces mots. « L'exemple de votre majesté achèverait de » faire tourner toutes les têtes. Votre majesté aurait- » elle dû recevoir un os desséché dans son palais, et » lui faire rendre un culte dans les temples de la » Chine ? J'ose lui demander de faire remettre cette » relique bizarre, cet os desséché, entre les mains » des censeurs de l'empire, afin que, le faisant passer » par l'eau et le feu, on abolisse ce culte pernicieux » qui déshonore la raison. Si *Foé* est tel qu'on le dit, » je consens que tous les maux qui pourraient en » arriver tombent sur moi. Je me dévoue à sa ven- » geance, tant je suis persuadé de la nullité de son » pouvoir. »

A la lecture de ce placet, le superstitieux empereur entra dans un violent accès de colère. Il ordonna sur-le-champ que l'auteur fût livré au tribunal des crimes, pour y être jugé dans toute la rigueur des lois, comme un sujet qui a manqué essentiellement au fils du ciel, à son prince. Mais ses ministres parvinrent à lui faire entendre que si Han-yu avait peu ménagé ses paroles, tout ce qu'il disait ne partait que d'un cœur fidèle à la saine doctrine. Le courageux lettré en fut quitte toutefois pour être exilé de la cour, et envoyé à Tchao-tcheau, en qualité de gouverneur.

TABLE DES MATIÈRES.

HUITIÈME LETTRE.

NEUVIÈME LETTRE.

DIXIÈME LETTRE.

ONZIÈME LETTRE.

DOUZIÈME LETTRE.

TREIZIÈME LETTRE.

FIN DE LA TABLE DES MATIERES.